FACULTÉ DE DROIT DE PARIS

THÈSE

POUR

LE DOCTORAT

PAR

Charles CARPENTIER

Né à Paris, le 29 janvier 1844.

DES RISQUES EN MATIÈRE DE CONTRATS SYNALLAGMATIQUES.

PARIS

IMPRIMERIE DE E. DONNAUD

9, RUE CASSETTE, 9.

1872

FACULTÉ DE DROIT DE PARIS

THÈSE

POUR

LE DOCTORAT

L'ACTE PUBLIC SUR LES MATIÈRES CI-APRÈS SERA SOUTENU

Le mercredi 24 janvier 1872, à deux heures

PAR

Charles CARPENTIER

Né à Paris, le 29 janvier 1844,

DES RISQUES EN MATIÈRE DE CONTRATS SYNALLAGMATIQUES.

Président : M. LABBÉ.

Suffragants :
MM. BONNIER,
COLMET DE SANTERRE,   *Professeurs.*
BEUDANT,
GARSONNET,   *Agrégé.*

Le candidat répondra en outre aux questions qui lui seront adressées
sur les autres matières de l'enseignement.

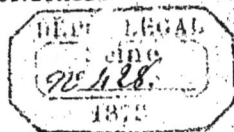

PARIS
IMPRIMERIE DE E. DONNAUD
9, RUE CASSETTE, 9.

1872

A MES PARENTS

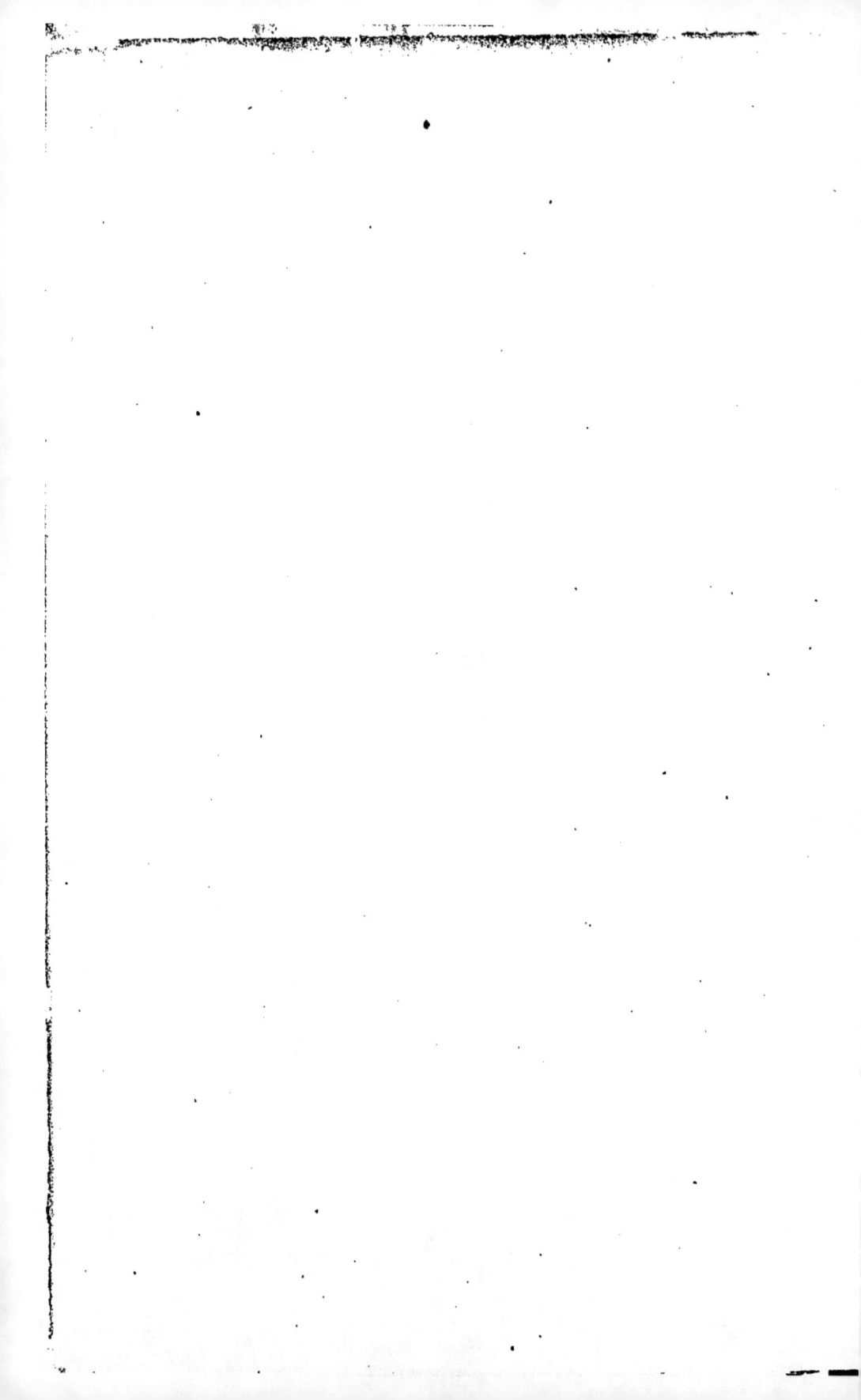

DROIT ROMAIN.

DES RISQUES EN MATIÈRE DE CONTRATS SYNALLAGMATIQUES.

Quand un objet vient à être détruit ou détérioré, on se demande à qui incombera le dommage résultant de cette destruction ou de cette détérioration. Pour répondre à cette question, nous distinguerons deux hypothèses :

Ou il y a faute ou délit de quelqu'un.

Ou il y a cas fortuit ou force majeure.

Dans le premier cas, celui qui a commis le délit ou la faute en est responsable et doit une réparation. Il ne s'agit donc pas, à proprement parler, de risques ; il s'agit de responsabilité.

Dans le second cas, au contraire, on veut savoir pour qui sera la charge résultant du cas fortuit ou de la force majeure.

Et d'abord, qu'est-ce que le cas fortuit ? Quand y a-t-il *periculum* ?

D'après Vinnius, le cas fortuit réside dans tout

événement que l'homme est impuissant à prévoir ou à écarter : *casum fortuitum definimus omne quod humano cœptu prævideri non potest, nec cui præviso potest resisti.* Cette définition n'est que la réunion de deux autres puisées au Digeste par cet auteur. Dans la loi 15 § 2, *locati conducti,* Ulpien appelait la force majeure : *omnem vim cui resisti non potest;* et plus loin, dans la loi 2 § 7 (*de adminis. rer. ad. civ.*), il ajoutait : *quam nullum humanum consilium prævidere potest.* La conclusion à tirer de ces textes, c'est que, pour qu'il y ait *periculum,* il faut qu'on ne puisse imputer l'événement ni au dol, ni à la faute du débiteur. Si, par exemple, il y avait *mora* chez ce dernier, comme la *mora* constitue une faute, il supporterait les pertes résultant des cas fortuits, à moins qu'il ne puisse prouver que ces pertes se seraient également produites chez le créancier.

Ainsi, le débiteur n'est pas, en principe, responsable du dommage arrivé sans sa faute ; et il n'y a pas faute de sa part quand il a donné à la garde de la chose tous les soins qu'apporte habituellement à ses affaires un bon père de famille. Pour qu'il en fût autrement, il faudrait qu'en vertu de la loi 23, *de reg. jur. Dig.*, il eût expressément promis davantage au créancier. Le § 3 du titre 23 aux Institutes soulève ici une difficulté. Nous y lisons : *Quod si fugerit homo qui veniit, aut subreptus fuerit, ita ut neque dolus neque culpa venditoris interveniat, animadvertendum erit an custodiam ejus usque ad traditionem venditor susceperit: sane enim si suscepit, ad ipsius periculum is casus pertinet; si non suscepit, securus est.* D'après ce texte, nous

ayons à faire une distinction : ou le vendeur s'est
chargé de la garde, auquel cas il répond de la fuite ou
du vol de l'esclave, alors même qu'il n'y aurait de sa
part ni faute ni dol ; ou il ne s'en est pas chargé : dans
cette hypothèse, les mêmes événements ne lui causé-
ront aucun préjudice. Si nous nous reportons d'autre
part à la loi 35, § 4, *de contrahenda emptione*, au
Dig., nous y voyons que : *si nihil appareat conve-
nisse, talis custodia desideranda est a venditore qualem
bonus paterfamilias suis rebus adhibet.* Le vendeur est
donc, en droit commun, chargé de la garde ? Comment alors concilier ces deux textes ?

Suivant M. de Vangerow, *Lehrbuch den Pandekten*,
t. I, § 105, lorsque dans un contrat qui déjà, d'après
sa nature, exige la *custodia*, on a promis spécialement
de la fournir, il faut admettre que le *custodiens* a
voulu se charger des cas fortuits consistant dans la
fuite, dans le vol et dans le *damnum injuria datum* ;
ce qui s'explique par cette idée qu'on ne doit rien supposer d'inutile dans les conventions. Nous ne pouvons
admettre cette explication, car, pour nous, c'est évidemment par inadvertance que les rédacteurs des
Institutes ont ajouté la phrase : *Idem et in cæteris ani-
malibus cæterisque rebus intelligimus.* Ce qui nous confirme dans notre opinion, c'est la fin de la loi 23,
Dig., *de reg. juris.* Dans cette loi, Ulpien nous dit en
effet : *Animalium casus, mortes quæque sine culpâ acci-
dunt, fugæ servorum qui custodiri non solent, a nullo
præstantur.* Ainsi, d'après lui, le débiteur, dans notre
espèce le vendeur, n'est pas chargé de la garde des
esclaves, à moins d'une clause spéciale.

M. de Savigny propose une explication, que nous préférons. En général, le débiteur d'un esclave n'est pas en faute par cela seul que sa surveillance n'a pas suffi à l'empêcher de s'enfuir ou d'être enlevé par des voleurs : c'est que l'esclave n'est pas, comme les autres animaux, un être inintelligent : pour rendre sa fuite impossible, il faudrait apporter plus de soin que n'en apporte à la garde de sa chose un *bonus paterfamilias* ; il serait pour le moins nécessaire de l'enfermer et de ne pas le quitter des yeux un seul instant. C'est pourquoi, à moins d'une convention formelle, on peut très-bien considérer comme un cas fortuit la fuite ou le vol de l'esclave vendu.

Quand il s'agit d'un autre objet, animé ou non, on admet que le vendeur est en faute, s'il l'a laissé voler ou s'échapper : il devait, pour éviter cette responsabilité, prendre ses précautions ; s'il ne l'a pas fait, tant pis pour lui ; il en subira les conséquences.

La perte d'une chose peut arriver en dehors de tout contrat. Que déciderons-nous alors ?

Si la chose appartient à un seul maître, aucune difficulté ; il perdra tous les avantages attachés à la propriété de cette chose. Que plusieurs maîtres en aient, en commun, la propriété, ou que les uns en aient l'usufruit et les autres la nue propriété, la solution sera semblable : chacun sera privé du droit qu'il pouvait exercer sur elle.

Supposons, au contraire, que l'objet détruit soit une chose *nullius*, la solution n'offrira plus aucun intérêt.

Dans ces diverses hypothèses, et sauf dans la dernière, il y a certainement quelqu'un de lésé par la perte, mais il n'y a pas, en réalité, de question de risques en jeu. Nous ne pouvons la soulever qu'en admettant qu'il y ait contrat ou plutôt rapport d'obligation relativement à la chose qui vient de périr ou d'être détériorée. Nous arriverons alors à la poser de la manière ci-après : — Si dans un contrat synallagmatique, c'est-à-dire engendrant des obligations réciproques entre les parties, l'exécution de l'une des obligations devient impossible par un événement fortuit, l'autre obligation est-elle éteinte, ou doit-elle encore être exécutée?

C'est à dessein que nous employons les mots — contrat synallagmatique, — car, parmi les contrats à titre onéreux, ce sont principalement les contrats de cette nature qui donnent lieu à la théorie des risques ; mais elle trouve encore place dans les contrats unilatéraux et à titre onéreux, tels que l'échange, par exemple. Au contraire, dans les contrats unilatéraux et à titre gratuit, où l'unique obligation du débiteur consiste dans la remise de l'objet; une fois cet objet disparu, s'il n'y a d'ailleurs ni dol ni faute de sa part, il ne saurait plus être question pour lui d'exécuter. C'est ce que nous dit Pomponius, loi 107, Dig., *de solutionibus : debitor certæ rei interitu liberatur.*

Enfin, si l'objet n'a pas été considéré *in specie*, si l'on a promis, par exemple, de fournir un cheval non déterminé, il ne peut s'élever de difficultés quant aux risques, puisque les genres ne périssent pas ; *genera non pereunt,* comme disaient les jurisconsultes romains.

En nous plaçant maintenant au point de vue particulier que nous avons adopté, nous allons successivement examiner chacune des principales conventions synallagmatiques où la question des risques peut offrir de l'intérêt, et constater, en passant, le principe suivi dans chaque espèce, afin d'en faire ressortir, en terminant, une règle générale que, chez les Romains, nous croyons avoir été la règle : *res perit creditori*.

I. — De la vente.

Dans le contrat de vente, les deux parties réunissent chacune la double qualité de créancière et de débitrice : le vendeur débiteur de la chose et créancier du prix, l'acheteur créancier de la chose et débiteur du prix. Ce que nous pouvons remarquer à ce sujet, c'est la nature de la dette de l'acheteur : débiteur d'un *genus quod nunquam perit*, il ne peut pas être libéré par un cas fortuit de l'obligation qu'il a contractée de payer une somme d'argent. La question des risques ne peut donc se poser que relativement à la perte de la chose vendue. La grande majorité des auteurs décide, et c'est là l'opinion à laquelle nous nous rallions, que c'est à l'acheteur à supporter le dommage résultant du cas fortuit : avec cette solution, il faut maintenir au vendeur le droit de réclamer le prix, s'il ne l'a pas encore touché, ou de le conserver par devers lui, si déjà il l'a reçu. Rien n'empêcherait au surplus les parties de modifier, comme elles l'entendraient, l'attribution des risques, et de décider qu'ils regarderont le vendeur. Le *pactum adjectum in continenti* qu'elles auraient fait dans ce sens, tirerait du contrat lui-même sa force obligatoire et ses effets se poursuivraient par les mêmes actions.

Nous distinguerons le contrat pur et simple et le contrat conditionnel.

Examinons d'abord le premier cas, et supposons que l'objet vienne à périr : cette perte peut être antérieure ou postérieure à la formation du contrat. Si elle précède l'accord des parties sur la chose et sur le prix, la base essentielle de la vente n'existant pas, l'opération ne peut avoir de suite faute d'objet. Nous nous trouvons donc en dehors de toute convention, et nous savons que dans cette conjoncture le maître seul supporte la perte : *res perit domino*. Cela n'a jamais fait doute pour personne : nous nous bornerons à citer Paul (*lib. V ad Sabinum, loi 15 pr. Dig., lib. XVIII, tit. II*) : *etsi consensum fuerit in corpus, id tamen in rerum natura ante venditionem esse desierit, nulla emptio est.*

Marcianus (*lib. 3 Regularum, l. 44, Dig., 18, 1*) tranche une autre question : *Si quis duos servos emerit pariter uno pretio, quorum alter ante venditionem mortuus est, neque in vivo constat emptio.* Le juriconsulte nous indique par ce texte qu'un des objets de la vente ayant péri avant la formation du contrat, cela est une cause suffisante pour empêcher le projet d'être mis à exécution. Si, en effet, le même marché a réuni les deux objets dans une même estimation, ce ne peut être que parce que l'acheteur en désirait la possession simultanée. Décider autrement serait aller à l'encontre de la volonté des parties.

Quant à la perte partielle qui se produit antérieurement à la formation du contrat, on ne peut lui appliquer la même décision. Nous ne devons nous attacher ici qu'à la plus ou moins grande importance de la perte. Papinien (*lib.* 10 *Quæst.*, *l.* 58 D. 18, 1, *de contr. empt.*) et Paul (*lib.* 5, *ad Plautium*, *l.* 57, *pr.* D. 18, 1) nous donnent quelques solutions d'espèces qui, nous le croyons, peuvent toutes se ramener à la distinction suivante :

La chose a-t-elle conservé sa substance, les qualités qui déterminent sa destination et son genre d'utilité ? En ces cas, la chose subsistant, la vente elle-même subsiste. L'acheteur ne pourra réclamer qu'une diminution de prix.

La chose est-elle au contraire assez dénaturée pour que les parties ne reconnaissent plus l'objet sur lequel l'accord est intervenu, la vente est nulle.

Arrivons maintenant à la perte qui se produit postérieurement à la formation du contrat. Le § 3 aux Institutes est ainsi rédigé : *Cum autem emptio et venditio contracta sit, quod effici diximus simul atque de pretio convenerit, cum sine scriptura res agitur, periculum rei venditæ statim ad emptorem pertinet, tametsi adhuc ea res emptori tradita non sit. Itaque si homo mortuus sit, ab aliqua parte corporis læsus fuerit, aut ædes totæ vel aliqua ex parte incendio consumptæ fuerint, aut fundus vi fluminis totus, vel aliqua ex parte ablatus sit, sive etiam inundatione aquæ, aut arboribus turbine dejectis longe minor aut deterior esse cœperit, emptoris damnum est, cui necesse est, licet rem non fuerit nactus, pretium solvere.* Cette phrase, dont la majeure partie appartient sans doute à un jurisconsulte classique, est assez précise pour décider que du jour où la vente est

parfaite, l'acheteur court les risques de la perte totale
ou partielle de la chose vendüe, et cela sans distinguer si le dommage s'est produit, soit avant le payement
du prix mais après la tradition opéréé, soit après le
payement de ce prix, mais avant la livraison de la
chose, soit enfin après l'exécution complète de la
vente.

Ainsi donc, même avant la tradition, les Romains,
qui ne reconnaissaient pas d'ailleurs au contrat lui-
même le pouvoir de transférer la propriété, mettaient
cependant les risques à la charge de l'acheteur. En
admettant l'exactitude de cette solution, nous pouvons
en conclure avec quelque certitude, qu'au moins en
matière de vente, la maxime *res perit creditori* était
la règle romaine. Un grand nombre de lois au Digeste
et au Code viennent à l'appui de cette décision, dont
nous aurons à rechercher plus loin les motifs. Au
surplus, le seul point douteux et qui a soulevé de vives
controverses a trait à l'attribution des risques à l'a-
cheteur dès avant la tradition. Parmi les textes qui font
cette attribution, nous pouvons citer les suivants :

Loi 5, § 2, Dig., 18, 5, *de rescind. vendit.*, Julien
nous dit : *Mortuo homine, perinde habenda est venditio,
ac si traditus fuisset : utpote cum venditor liberetur, et
emptori homo pereat.* En donnant cette solution, le
jurisconsulte en présente comme motif qu'après la
perte fortuite de la chose vendue, le vendeur doit être
traité comme s'il en avait fait la tradition, puisqu'il a
été mis fortuitement dans l'impossibilité de l'opérer.
Plus loin, Paul (dans la loi 11, pr., Dig., 21, 2, *de
evict.*, où, à la fin d'une espèce particulière, nous li-

sons : *futuros casus evictionis post contractam emptio-nem, ad venditorem non pertinere ; et ideo, secundum ea quæ proponuntur, pretium prædiorum peti posse*), vient apporter à cette solution l'appui de son autorité et en préciser le sens, à savoir que la perte n'affranchit pas l'acheteur de la nécessité de payer le prix.

Au Code, loi 6, 4, 48, les empereurs Dioclétien et Maximien transportent les risques sur la tête de l'acheteur, même avant la tradition, et démontrent que le consentement suffit à lui seul pour opérer le transport; dans ce cas, *solutionem pretii emptor non recte recusat.*

Du rapprochement de tous ces textes et de quelques autres que nous pourrions y ajouter, il semblerait bien que notre règle était unanimement adoptée par les jurisconsultes romains. Et cependant il existe des passages du Digeste qui paraîtraient indiquer l'existence dans la pratique romaine d'une règle contraire à la maxime : *res perit emptori.* Examinons donc successivement les lois qui semblent faire obstacle à notre principe et rapportons les diverses conciliations qui en ont été proposées.

Deux de ces lois, les lois 12 et 14, *de periculo et commodo rei venditæ et traditæ,* quoique citées en opposition avec les lois que nous avons rapportées ci-dessus, ne nous semblent pas devoir faire obstacle à notre principe. Dans la première, Paul nous dit: *Lectos emptos ædilis, cum in via publica essent positi, concidit : si traditi essent emptori, aut per eum stetisset quominus traderentur, emptoris periculum esse placet.* Dans la loi 14, nous trouvons une hypothèse analogue.

Perrezius, dans son commentaire sur le titre XVIII,
liv. 4 du Code, nous en donne l'explication suivante,
qui nous paraît satisfaisante : *In hac facti specie culpa
venditoris perierunt, qui non cavit ab occursu œdilis.
Omnibus enim notum erat solere œdilem viarum mundi-
liam exacte curare, omniaque impedimenta quæ trans-
versa occurrebant, ex tempore et indicta causa tollere,
culpæ ergo venditoris imputatur quod cum impedimento
usus publici in via publica lectos exposuerit.* Suivant
M. Labbé, les deux lois ci-dessus sont étrangères aux
risques, car il y a faute de celui qui, ayant la propriété
ou la *custodia* d'une chose, l'abandonne sur la voie
publique. Evidemment ces fragments se suivaient
dans l'ouvrage de Paul, et le Digeste les a maladroite-
ment séparés par l'intercalation d'un passage dans lequel Julien prévoit l'hypothèse où un édile, excédant
son droit, a fait briser à tort la chose d'un particulier,
pour qui cet événement devient un cas fortuit. Cette
explication nous satisfait entièrement, et ne laisse
plus, à notre avis, place à l'objection tirée par nos
adversaires des lois 12 et 14.

Un texte malheureusement beaucoup plus difficile
à concilier avec les nôtres, se présente dans la loi 33,
Africani, locati conducti, Dig. Cujas lui-même (*ad
Africanum tractatus VIII*), n'a pu éviter d'être séduit
par son importance, et en a conclu que là était la
règle suivie en droit romain, comme la plus conforme
au droit naturel. Les Institutes ne présenteraient que
la doctrine rigoureuse tirée des principes du droit,
summum jus et rudimenta juris! Le texte d'Africain,
qui a trait aussi bien au louage qu'à la vente, con-

lient, à propos de ce dernier contrat, ce qui suit : *Si vendideris mihi fundum, isque, priusquam vacuus traderetur, publicatus fuerit, tenearis ex empto. Quod hactenus verum erit, ut pretium restituas, non ut etiam id præstes si quid pluris mea intersit eum vacuum mihi tradi.* Il semble donc bien résulter de cette phrase que les risques de la chose ne regardent l'acheteur qu'après que celui-ci en a pris possession. Voici, en somme, quels étaient les arguments de Cujas : Dans le louage, les cas fortuits sont pour le locateur; or, Africain assimile la vente au louage, *quia maximam inter se familiaritatem habent.* Il y a bien un texte embarrassant, c'est la loi 8, Dig., 6, qui est de Paul, jurisconsulte postérieur à Africain, et il est impossible d'adresser au premier de ces auteurs la même critique que Cujas applique aux Instituts, c'est-à-dire d'être du droit primitif. Cujas met ce texte de côté, et prétend que *ita accipienda est ea regula, ut pereat res emptori, non pretium, id est si res perierit ante traditionem.* Il s'appuie ensuite sur la loi 12 que nous avons repoussée ci-dessus; et enfin, en dernier lieu, il invoque la loi 16, *de condictione causa data,* qui a trait à un contrat innomé, l'échange, et sur laquelle nous aurons l'occasion de revenir, lorsque nous nous occuperons de ce genre de contrats. Dans cette loi, le jurisconsulte accorde en effet, en cas de mort d'un esclave sans faute du *dominus,* la libération de ce dernier, mais, en même temps, il reconnaît à l'autre partie qui a déjà exécuté le contrat, le droit d'exercer la répétition. Quant aux fragments qui chargent l'acheteur des risques, sans s'occuper si la tradition a été opérée ou non, Cujas, suppléant au silence de la loi, déclare que la tradition a eu lieu : de cette manière, ces fragments ne contrarient plus sa doctrine.

Dans les interprètes, il en est peu qui n'aient rejeté la décision de Cujas, et qui par contre n'aient accepté la théorie formulée aux Instituts. Ayant ce point de départ, ils ont cherché à trouver une conciliation avec la loi d'Africain. Voici les principales solutions que nous ayons rencontrées dans les auteurs.

Au tome V de ses *Rationalia*, page 596, Antoine Fabre, dont l'explication a été reproduite par Perrezius, distingue deux sortes de pertes. Si la chose vendue a péri fortuitement, c'est à l'acheteur à supporter le dommage, et le vendeur sera en droit d'exiger le prix. Mais si la chose vendue n'est pas anéantie, s'il y a simplement impossibilité de la livrer à l'acheteur, si, par exemple, elle a été confisquée ou volée, le vendeur n'aura droit au prix qu'à la condition de livrer les actions qu'il possède, telles que la *condictio furtiva*. Il faut donc supposer qu'il était propriétaire, car autrement aucune action ne serait née à son profit, et il ne pourrait forcer l'acheteur à lui payer le prix. Au cas de confiscation, le vendeur n'ayant pas droit à indemnité ne peut rien céder à l'acheteur qui, lui, ne doit pas en revanche supporter les dures conséquences d'un événement après lequel la chose n'en continue pas moins de rester *in rerum natura*. Cette explication, tout ingénieuse qu'elle soit, ne saurait être admise, en présence de l'assimilation faite par Africain de la confiscation à un ébranlement du sol qui

détruirait une maison, c'est-à-dire à un événement
fortuit ne laissant pas subsister la chose.

Pothier, n° 307 du Traité de la vente, adopte la doctrine des Institutes, tout en constatant le désaccord
qui existait sur ce sujet entre les jurisconsultes
romains. Ne trouvant pas lui-même de conciliation
pour la loi d'Africain, il finit par opter pour l'interprétation de Davezan, professeur de l'université
d'Orléans, en son traité *de contr.* Cet ancien commen-
tateur suppose « que la loi qui ordonnait aux posses-
» seurs de quitter la possession de leur héritage, pour
» quelque cause publique, portaient cette clause :
» *nonobstant toutes ventes qu'ils en auraient faites pré-*
» *cédemment, lesquelles demeurcront nulles.* La vente
» étant donc en ce cas rescindée, l'acheteur a la répé-
» tition du prix; mais lorsque la chose vendue a péri,
» la vente n'est pas pour cela rescindée ». Nous ne
savons où trouver un fondement sérieux à cette supposition, que contredit d'ailleurs l'action *ex empto*
accordée par Africain à l'acheteur. En effet, si la vente
était non avenue, il n'y aurait pas lieu à cette action.

M. de Vangerow croit qu'au cas de confiscation,
on suivait des règles particulières. Africain distingue-
rait cette hypothèse spéciale des autres cas de perte;
c'est pour punir le vendeur et c'est sur lui qu'a lieu
la confiscation; c'est donc à lui de supporter le dommage. On peut encore objecter à cette solution l'assimilation faite par Africain de la confiscation à un
ébranlement du sol, c'est-à-dire à un cas fortuit.

Une autre explication, qui s'appuie principalement
sur des arguments historiques, compte un grand

nombre de partisans. Suivant une vieille doctrine, le bailleur n'avait droit à la *merces* qu'on proportion de la jouissance qu'il avait effectivement procurée au preneur, de même que le vendeur n'avait pas droit au prix lorsque, et cela sans sa faute, la chose n'avait pu être livrée à l'acheteur. « C'est ainsi, dit M. Deman» geat, que nous voyons Julien, contemporain d'Afri» cain, poser en principe qu'il serait contraire à la » bonne foi *ut emptor rem amitteret et pretium venditor* » *retineret* » (Ulpien, l. 11, § 18, *de act. empt.*). Malgré l'analogie apparente qui existe entre les opinions de ces deux auteurs, on peut remarquer que, tandis que Africain parle des risques, Julien s'occupe d'un enlèvement de la chose à l'acheteur par l'exercice d'un droit appartenant à un tiers en vertu d'une cause antérieure à la vente, ou plus brièvement d'une éviction.

Voici déjà quatre explications sur la divergence existant entre Africain et les autres auteurs, et néanmoins, nous ne savons pour laquelle opter, aveu du reste facile à faire, après l'embarras confessé par Pothier lui-même, malgré son profond savoir. Heureusement Africain se charge plus loin de nous montrer où est la vraie voie ; car, dans un autre texte de lui, loi 39, Dig., liv. XLVI, tit. III, *de solut.*, nous trouvons une solution contraire en tous points à celle de la loi 33, et qui reproduit exactement l'opinion de la majorité des jurisconsultes. Dans cette loi 39, Africain nous fait connaître qu'alors même qu'un acheteur et un vendeur s'entendraient pour faire le dépôt en mains tierces de la chose et du prix, les risques et périls seraient néanmoins pour l'acheteur. Ainsi, suivant lui, dès que la vente est parfaite, *res perit emptori*. La loi 33 ne doit donc, en somme, être considérée, de la part d'Africain, que comme un écart accidentel et équivoque de la doctrine généralement suivie.

Essayons maintenant de donner les motifs de cette doctrine. Continuant le § 3 des Institutes, qui a nécessité cette longue discussion, nous lisons : *Sed et si post emptionem fundo aliquid per alluvionem accessit, ad emptoris commodum pertinet, nam et commodum ejus esse debet, cujus est periculum*. Cujas, et après lui un grand nombre d'auteurs invoquent ce texte pour soutenir qu'il y a une liaison intime entre le *commodum* et le *periculum rei*. Suivant M. Larombière *Traité des obligations*, sur l'article 1138 C. N. § 24), on peut dire que de même que la chose *perit domino*, de même *crescit domino*. De son côté, Marcadé a écrit : « C'est la conséquence de cette raison d'équité que le créancier de corps certain étant appelé à profiter des augmentations et améliorations que ce corps pourrait recevoir avant la tradition, il doit en subir réciproquement les détériorations ou la perte » (n° 508 du tome IV). Tous ces auteurs cherchent le motif de notre règle dans l'idée ci-dessus indiquée. Néanmoins, je ne puis voir dans cette considération une raison suffisante du parti adopté, d'autant plus que si c'était là le motif qui avait entraîné les jurisconsultes romains, ils auraient étendu cette solution au cas de la vente conditionnelle, et c'est ce qu'ils se sont bien gardés de faire, puisqu'au contraire, dans cette nature de ventes,

ils mettent les risques de la perte totale à la charge du
vendeur. Je crois en trouver la véritable raison dans
les principes du droit. En effet, la vente donne naissance à deux obligations parfaitement distinctes
l'une de l'autre : le vendeur s'oblige à livrer une
chose moyennant un prix que l'acheteur s'oblige à
lui payer. Pour que le vendeur ait droit à la réception
du prix, même au cas où la chose a péri, il suffit,
selon Pothier, qu'il n'ait pas contrevenu à l'obligation de livrer. D'après M. Molitor, n° 279, tome Ier,
« c'est ce même fait qui est la cause de l'obligation
» subsistante de l'acheteur : *quidquid enim sine dolo et*
» *culpa venditoris accidit, in eo venditor securus est* »
(Inst. III, 23, § 3). Si c'est sans la faute de l'obligé
qu'il y a impossibilité d'exécuter le contrat, on consi-
dérera l'exécution comme ayant eu lieu, et, toujours
suivant le même auteur, « il faudrait que les deux
» parties fussent mises dans l'impossibilité d'exécuter
» leur obligation, pour que le contrat pût être consi-
» déré comme résolu » (L. 23 et 185, Dig. l. 17).
Ajoutons que l'acheteur est débiteur d'un genre, et
comme *genera non pereunt*, il n'y a pas de perte fortuite qui puisse le libérer.

Dans la loi 21, *de hæreditate venditâ*, titre IV du
livre XVIII, au Digeste, nous trouvons la solution
d'une question fort délicate. Voici l'espèce : l'esclave
Stichus, que nous supposons appartenir à autrui, est
successivement vendu par Primus à deux personnes.
Il vient à mourir par cas fortuit, et son vendeur ne se
trouve pas *in morâ*; par conséquent la perte regarde
les deux acheteurs qui restent obligés à payer leur

2

prix. Il faut, bien entendu, pour cela, qu'il n'y ait pas dol du vendeur, c'est-à-dire que les acheteurs connaissent la provenance de la chose. Ce résultat n'est certainement pas très-conforme à l'équité. Selon M. Labbé « il ne faut pas s'étonner que Cujas ait » embrassé avec ardeur le moyen que lui offrait le » texte équivoque d'Africain, de résister à l'évidence » des Institutes. » Il devait avoir en vue la solution inique que nous venons de relater.

L'empereur Justinien a apporté à la vente une modification que nous ne devons point passer sous silence. Avant lui, ce contrat était achevé dès l'accord établi ; mais il décida que lorsque les parties conviendraient de rédiger un écrit, la perfection du contrat serait retardée jusqu'à ce que *instrumenta emptionis fuerint conscripta et absoluta*. Il y a donc là une espèce de condition apposée à la vente, ce qui met les risques à la charge du vendeur tant que la condition n'est pas arrivée, ainsi que nous allons bientôt le voir, en traitant des ventes conditionnelles.

Passons maintenant à leur étude.

A Rome, la condition était un événement futur et incertain d'où dépendait l'existence du contrat. Celui-ci était regardé comme non avenu, lorsque la chose qui en faisait l'objet venait, *pendente conditione*, à périr par cas fortuit. On considérait que, faute d'un objet existant à l'époque à laquelle on remettait la perfection du contrat, il ne pouvait se former, *quia non subest res eo tempore quo conditio impletur* (loi 14 pr. Dig., *de novat. et de leg.* XLVI, 2). La condition une fois arrivée, le dernier élément constitutif du con-

trat se trouve réalisé, et alors il fait reculer les effets
produits par l'accomplissement de la condition, jusqu'à
la date où a été passé l'acte juridique. Les Romains,
en admettant cette rétroactivité, voulaient enlever au
vendeur resté propriétaire sous résolution conditionnelle le droit de disposer *pendente conditione* d'une
chose qui doit passer dans le patrimoine de l'acheteur,
au cas où la condition ne défaillira pas. D'après M. Bufnoir (Théorie de la condition, page 247), « si on n'a pas
» admis l'effet rétroactif de la condition à propos des
» risques, c'est que ce raisonnement eût été une péti-
» tion de principe : la rétroactivité suppose que la con-
» dition s'est accomplie en temps utile, et justement
» dans l'idée romaine, elle ne pouvait plus s'accomplir
» utilement quand la chose vendue avait péri par cas
» fortuit. »

De même qu'en matière de vente pure et simple, de
même ici la perte peut être totale ou partielle, et la
solution sera fort différente dans les deux cas.

Examinons d'abord le cas de perte totale. Voici ce
que nous lisons dans Cujas à ce sujet : *Quod si pendente
conditione res omnino perierit, periisse non intelligitur
emptori ; periit enim venditori potius, quia et ipsa emptio venditio omnino perimitur, quasi contracta sine re,
sine merce, sicut stipulationes et legata conditionalia per-
imuntur re perempta pendente conditione* (L. *Plerum-
que, par. si ante : de jure dotium*). Les éléments nécessaires à l'existence de la vente n'existent plus, il
manque *et res et pretium* : par conséquent, nous nous
trouvons en dehors de tout contrat, et nous savons que
dans cette hypothèse le propriétaire de la chose, dans

notre espèce le vendeur, supportera les risques et périls. La loi 8 de Paul, *de periculo et commodo rei venditæ*, nous établit cette règle de la manière la plus nette: *Quod si sub conditione res venierit, si quidem defecerit conditio, nulla est emptio, sicuti nec stipulatio ; quod si extiterit, Proculus et Octavenus emptoris esse periculum ajunt, Idem Pomponius, lib. IX, probat.* Dès que la condition est accomplie, l'acheteur supporte les risques de la chose vendue, à partir de l'accomplissement et pour l'avenir. C'est le même principe qu'en matière de vente pure et simple. Mais la vente ne peut se former si la chose périt *pendente conditione*, quand bien même la condition s'accomplirait ensuite.

Arrivons maintenant au cas où la condition étant en suspens, il se produit une simple détérioration. Continuant la lecture de la loi 8 de Paul, que nous venons d'analyser, nous trouvons la phrase suivante : *Sane si extet res, licet deterior effecta, potest dici, esse damnum emptoris.* Quand la condition s'accomplit après que la chose a subi une détérioration, la rétroactivité se produit, attendu que la chose subsiste et nous nous retrouvons encore dans une situation analogue à celle d'une vente pure et simple : aussi les effets s'en produisent-ils, et la perte vient frapper l'acheteur.

Le raisonnement que nous venons d'exposer ne nous satisfait que médiocrement. Evidemment il est d'accord avec les principes rigoureux du droit, mais l'équité nous en semble blessée. Quel caractère pouvons-nous donc donner à la rétroactivité, est-ce un principe absolu, est-ce simplement une fiction ? Au premier cas, nous devons regarder la vente comme ayant été

pure et simple *ab initio* et cela sans distinguer si la
perte arrivée *pendente conditione* est totale ou partielle.
Si au contraire nous ne devons voir là qu'une fiction,
elle doit rester étrangère à la théorie des risques.
C'est le vendeur, en effet, qui a été atteint directement
par le dommage éprouvé. Quelles bonnes raisons
pourrait-on donner du transport que l'on fait, de sa
tête sur celle de l'acheteur, des risques et périls de la
chose ? Je n'en vois pas, car ce dernier n'avait encore
acquis aucun droit sur elle, et le frapper est injuste et
inutile. Le législateur français a, suivant nous, été bien
inspiré quand il a rejeté la doctrine de Paul (art. 1182).
On oppose à cette manière de voir que l'acheteur qui,
sans augmentation de prix, obtient les alluvions et
autres accroissements ne subira point les diminutions
de valeur, et on signale l'injustice de ce résultat : nous
répondons que nous n'admettons pas le rapprochement indiqué entre le *commodum* et le *periculum* comme
le fondement de la règle sur les risques.

Plusieurs auteurs font à la solution de Paul une critique qui est précisément le contre-pied de la nôtre,
puisqu'ils invoquent précisément cette relation intime
qui existerait entre la perte et l'accroissement. Paul
donnerait dans le livre V *ad Sabinum* une certaine
force à cette opinion, car il dit : *Ad emptorem commodum incommodumque pertinent.* Nous avons naguère
exposé les motifs qui nous amenaient à repousser cette
règle ; nous n'avons donc pas à y revenir.

Occupons-nous, en terminant, des risques dans les
ventes de choses qui se vendent au nombre, au poids
ou à la mesure. Ici nous devons distinguer. Dans la loi

62, § 2, tit. 1, *de contr. empt.*, Modestin nous dit que la chose achetée en bloc, sauf le cas où il y aurait dol de la part du vendeur, est aux risques et périls de l'acheteur, encore qu'il ne l'ait pas marquée. Nous voyons par là qu'on suit dans les ventes en bloc, *per aversionem*, les mêmes règles que dans les ventes ordinaires. Si les choses au contraire ont été vendues à tant la mesure, la loi 35 § 5, Dig., *de contr. empt.*, nous fait savoir que la vente n'est réputée consommée que quand les choses ont été pesées, mesurées ou comptées. Il y a donc là une sorte de condition suspensive, qui nous amènera à suivre les mêmes principes qu'en matière de ventes conditionnelles. Dès lors la perte regardera le vendeur. Nous trouvons au Code (*loi 2, de periculo et commodo rei venditæ*), une constitution de l'empereur Alexandre qui ne fait que confirmer les principes que nous venons de présenter. Dans ce rescrit, on lit que, quand on a vendu des tonneaux de vin à un certain prix pour chaque tonneau, la vente n'est pas consommée tant qu'ils n'ont pas été livrés, et l'acheteur ne supporterait les risques du vin qu'autant qu'il serait en demeure de le faire mesurer.

Quant à la vente *ad gustum*, ou la chose vendue est un corps certain, par exemple un baril de vin déterminé : dans ce cas, les risques de la chose même passent à l'acheteur dès le moment du contrat; ou la chose vendue est de celles qu'on a l'habitude de déguster, et alors les risques de l'acidité ou de la corruption demeurent à la charge du vendeur jusqu'au jour de la dégustation. Il en serait de même, *a fortiori*,

si par une clause spéciale, on était convenu de déguster.

Il nous reste à traiter la question des risques dans
deux pactes usuels chez les Romains, et qui font chacun l'objet d'un titre spécial au Digeste. Je veux parler
de la *lex commissoria* et de l'*in diem addictio*. L'*in
diem addictio* était un pacte par lequel le vendeur stipulait, qu'au cas où une offre plus avantageuse vien-
drait à lui être faite dans un certain délai, il aurait le
droit de reprendre sa chose à l'acheteur. La loi 4, § 5,
au Dig., *de in diem addictione*, nous dit qu'en l'absence
d'une clause spéciale à ce sujet, la vente était pure et
simple, que sa résolution seule était conditionnelle.
En conséquence, les risques regarderaient immédiatement l'acheteur (loi 2, § 1, *de in diem addictione*).
Supposons au contraire que, d'après la convention, la
vente fût conditionnelle, bien qu'accompagnée du
pacte, nous devrions alors distinguer entre la perte
totale et la perte partielle. La première pèserait sur le
vendeur, et la seconde sur l'acheteur.

Par la *lex commissoria* le vendeur stipulait le droit
de reprendre sa chose au cas où le prix ne serait pas
payé. Dans notre droit, le vendeur n'a pas besoin de
se réserver spécialement cette faculté, puisqu'en cas de
non-payement, il peut faire anéantir la vente : mais, à
Rome, le droit de résolution n'existait pas, et le pacte
commissoire y suppléait. Quant aux risques, on peut
faire ici les mêmes distinctions que nous avons éta-
blies à propos de l'*in diem addictio*, car, de même
que ce pacte, la *lex commissoria* était, sauf convention
contraire, regardée comme pure et simple, avec réso-

lution conditionnelle. « *Magis est ut sub conditione* » *resolvi emptio quam sub conditione contrah: videatur* » nous dit Ulpien (loi 1, Dig., livre 18, tit, 3).

Dans ces deux pactes, aucune difficulté ne se présente si la condition ne se réalise pas : en effet, on suit absolument les règles de la vente pure et simple. Si, au contraire, il s'agit de déterminer à la charge de qui sont les risques lorsque la perte survient, *pendente conditione*, et que la condition se réalise plus tard, nous remarquons que les auteurs sont en désaccord complet. Avant d'aborder cette discussion, nous devons écarter le cas où la condition résolutoire, mot que les Romains ne connaissaient pas, est à la fois casuelle et potestative de la part du vendeur, par exemple le cas d'une vente renfermant ce que nous appelons le pacte de réméré, et que les Romains dénommaient *pactum de retro vendendo*. En effet, le vendeur étant toujours le maître de ne pas faire arriver la condition, la perte incombe forcément à l'acheteur. Bâtissons donc une hypothèse d'une condition résolutoire purement casuelle. Primus vend purement et simplement à Secundus sa maison, en ajoutant que, *si navis ex Asia venerit*, la vente sera résolue. *Pendente conditione*, la maison est incendiée et détruite, et enfin le vaisseau revient d'Asie. La perte sera-t-elle pour Primus, le vendeur, ou sera-t-elle supportée par Secundus l'acheteur ?

Dans un premier système qui compte beaucoup d'adhérents, on distingue entre le *periculum interitus* et le *periculum deteriorationis*. Le premier frappera l'acheteur, et le second sera supporté par le vendeur.

On décompose la vente faite sous une condition résolutoire en une vente sous condition suspensive ; l'acheteur sous condition résolutoire est transformé en un
débiteur sous condition suspensive, et le vendeur devient créancier sous la même condition, *tanquam sub
contraria conditione*, disent la loi 36, *de rebus creditis*,
et la loi 13, in fine, *de statu liberis*, au Dig. Or, dans
les ventes conditionnelles, le *periculum deteriorationis*
est supporté par l'acheteur ou créancier ; et le créancier, dans notre cas spécial, c'est le vendeur sous condition résolutoire ; au contraire, le *periculum interitus*
est mis, dans les mêmes ventes, à la charge du vendeur ou débiteur ; et dans notre hypothèse, le débiteur, c'est l'acheteur. Selon M. Vernet (Théorie des
obligations, page 136), « dans le cas de perte totale
» arrivée *pendente conditione*, la résolution ne peut
» pas plus prendre naissance que la vente elle-même
» dans le cas précédent, celui de vente sous condition
» suspensive, et cela par les mêmes motifs. »

Bien qu'à première vue cet argument semble à
l'abri de toute réfutation, nous ne croyons pas devoir
l'admettre, car il n'y a évidemment qu'un seul et même
contrat qu'anéantit l'arrivée de la condition. Aucun
principe de droit, aucun texte ne peut justifier cette
idée d'une revente prenant naissance faute d'objet lors
de l'arrivée de la condition. Une fois que le contrat a
reçu toute sa perfection, la résolution peut se produire
malgré la perte survenue *pendente conditione*. Pour
nous, la réalisation de la condition résolutoire remet
les parties dans la même situation où elles se trouveraient s'il n'y avait pas eu de vente ; le vendeur est

censé être toujours resté propriétaire, et, comme tel, devra supporter les pertes totales ou partielles qui, la condition étant encore en suspens, auront frappé sa chose : en revanche et comme atténuation, il bénéficiera de toutes les améliorations qu'elle aura pu faire. C'est donc la règle *res perit domino* qui trouve ici son application toute naturelle, puisque nous pouvons considérer le contrat comme non avenu. L'acheteur sera censé n'avoir jamais été propriétaire ni créancier.

« En deux mots, ajoute M. Bufnoir, » dans son Traité sur la théorie de la condition, page 452, « comme il » ne s'agit pas de former un contrat, l'effet de la con- » dition résolutoire se produit malgré la perte de la » chose vendue, et par suite, le vendeur est sans droit » pour exiger ou pour conserver le prix. »

Cette solution, que nous croyons conforme aux principes, trouve sa justification dans un certain nombre de textes du droit romain. L. 2, § 1, Dig., liv. XVIII, tit. 2, Ulpien a écrit : *Ubi igitur, secundum quod distinximus, pura venditio est, Julianus scribit, hunc, cui res in diem addicta est, et usucapere posse, et fructus et accessiones lucrari, et periculum ad eum pertinere, si res interierit.* Immédiatement après, Paul se charge, dans la loi 3, de nous en donner la raison : *quoniam post interitum rei jam nec afferri possit melior conditio.* Mais supposons le cas où la condition pourra se réaliser après la destruction totale de la chose, il faudra décider, *a contrario* de Paul, que *periculum ad venditorem pertinet.* M. Duranton (n° 91, tome XI) donne une raison parfaite de cette solution : « Lors- » que la condition résolutoire est de nature à s'ac-

» complir encore après la perte de la chose et qu'elle
» s'accomplit en effet, la décision doit être différente :
» la perte ne concerne point l'acheteur; autrement
» le fragment de Paul serait absolument sans objet,
» ce serait une véritable superfétation dans le Digeste,
» il serait même propre à jeter les esprits dans l'er-
» reur, surtout si l'on considère la place qu'il occupe,
» immédiatement après la décision d'Ulpien, et évi-
» demment pour la motiver. »

Pomponius (loi 2, *de lege commissariâ*, liv. XVIII,
tit. 3, Dig.) nous fournit un argument de plus à
l'appui de notre système : *Quum venditor fundi in lege
ita caveril : si ad diem pecunia soluta non sit ut fundus
inemptus sit, ita accipitur inemptus esse fundus, si
venditor inemptum eum esse velit, quia id venditoris
causâ caveretur, nam et si aliter acciperetur, exusta
villa in potestate emptoris futurum, ut non dando pecuniam inemptum faceret fundum qui ejus periculo fuisset.* Évidemment ici, comme dans l'espèce d'Ulpien,
le jurisconsulte déroge à la règle ordinaire, puisqu'il
prend tant de soin pour expliquer sa décision. Elle
n'est d'ailleurs fondée que sur l'équité; Pomponius
ne veut pas que l'acheteur soit le maître, suivant que
son intérêt le pousserait vers l'un des deux buts, de
faire arriver ou d'empêcher la réalisation de la condition résolutoire. Et c'est ce qu'il ne manquerait pas
de faire, s'il ne devait pas supporter la perte au cas où
la résolution arriverait. Il n'aurait pour cela qu'à
garder son prix par devers lui; le vendeur se trouverait dès lors forcé d'invoquer la *lex commissoria*, et
par là, lui acheteur, ne serait plus intéressé à la perte

ni à la détérioration. Encore une fois, le motif de la
solution de Pomponius tient à la nature de la convention, et ce n'est nullement une règle générale.

Avant de clore notre exposé des risques dans la
vente, il nous reste à examiner brièvement un point
assez curieux que nous trouvons dans la loi 8, § 1,
Dig. 18, 6, qui est de Paul. Nous y lisons : *Si ita venierit, est ille servus emptus, sive navis ex Asiâ venerit, sive non venerit, Julianus putat statim perfectam
esse venditionem, quoniam certum sit eam contractam.*
Quelle est la nature de cette vente? Est-elle pure et
simple? Est-elle conditionnelle? D'accord avec Julien,
Paul la considère comme pure et simple. Il est bien
certain en effet que le contrat existera; que le navire
revienne ou qu'il ne revienne pas, peu importe. Dès
le contrat, il est un fait acquis, c'est que le contrat
vivra à une époque qui ne peut manquer d'arriver,
quoiqu'on n'en connaisse pas d'avance la date. Il n'y
a donc pas là les éléments d'éventualité et d'incertitude nécessaires à toute condition; nous n'apercevons
qu'une vente pure et simple. En conséquence, dès
que le consentement est intervenu, la chose vendue
est aux risques de l'acheteur. *Res perit creditori.*

II. — *Du louage.*

Après la vente, nous arrivons naturellement au
contrat de louage. Ici, le débiteur ne contracte pas
une obligation de la même nature que celle qu'il con-

tracte dans la vente : il s'engage à faire jouir quelqu'un d'une chose pendant un certain temps. De la
nature particulière de cette obligation on a tiré plusieurs conclusions sur lesquelles nous aurons bientôt
à revenir.

Il y a plusieurs sortes de louages, que nous devons
étudier séparément au point de vue des risques. Il y
a le louage des choses et le louage d'industrie, lequel
se subdivise, on le sait, en louage d'ouvrage et louage
de services.

Examinons d'abord le louage des choses. Un grand
nombre de textes nous montrent que les risques sont
pour le locateur : en perdant sa chose, il perdra également la *merces* due par le locataire (loi 33, Dig., 19,
2, *locati-conducti*) : *Si fundus quem mihi locaveris,
publicatus sit, teneri te actione ex conducto, ut mihi
frui liceat, quamvis per te non stet quominùs id præstes:
quemadmodum, inquit, si insulam ædificandam locasses
et solum corruisset, nihilominùs teneberis..... Circa
conductionem servandum puto, ut mercedem quam præs-
titerim restituas, ejus scilicet temporis quo fruitus non
fuerim : nec ultra actione ex conducto præstare cogeris.
Nam et si colonus tuus fundo frui a te aut ab eo prohi-
betur quem tu prohibere ne id faciat possis, tantum ei
præstabis, quanti ejus interfuerit frui : in quo etiam
lucrum ejus continebitur : sin vero ab eo interpellabitur,
quem tu prohibere propter vim majorem, aut potentiam
ejus non poteris, nihil amplius ei quam mercedem re-
mittere aut reddere debebis.*

Ainsi, un fonds loué est frappé de confiscation. Le
locataire supporte un dommage puisque sa jouissance

cesse. Quant au locateur, alors même qu'aucune faute
ne lui soit imputable, il n'aura plus droit au payement
du loyer, et cela, parce qu'il ne peut plus fournir au
locataire la jouissance qu'il lui avait promise. C'est
donc lui que frappe la perte résultant du cas fortuit.
Africain ajoute même qu'il sera tenu en outre de
dommages et intérêts, s'il y ava faute de sa part.
Pourquoi donc ne suit-on plus ici la règle adoptée en
matière de vente? Le contrat a reçu sa perfection, et
cependant les risques sont pour le locateur. S'il y a
perte totale, le locataire ne payera plus la *merces*; s'il
y a perte partielle, il obtiendra une diminution proportionnelle. Les lois 9, § 1; 19, § 6; 15, § 1, *locati
conducti*, Dig., nous donnent ces diverses solutions.

On trouve dans les auteurs des explications variées
au sujet de la divergence qui existe entre la vente et
le louage, quant aux risques. Dans une première opinion qui est la plus spécieuse, on présente la vente
comme un contrat instantané, tandis que le louage ne
serait qu'un contrat successif. On a exprimé cette
idée de la manière suivante : les loyers sont dus en
raison et en proportion de la jouissance procurée, *ex
locato tenetur conductor ut prorata temporis quo fruitus
est, pensionem præstet.* D'après M. Maynz (tome II,
§ 301, note 19), le fait que le locataire est libéré de
ses obligations, quand le locateur ne peut plus lui
procurer la jouissance, semble contraire, au premier
abord, à la règle d'après laquelle *periculum creditoris
est*, mais il n'en est rien. Si, dans le louage des
choses, le bailleur, tout en étant débiteur, souffre de
fait un préjudice de la perte ou des détériorations for-

tuites de la chose louée, c'est uniquement par la raison
qu'il est tenu de garantir au locataire *ut frui liceat*,
tout comme le vendeur est tenu de garantir à l'acheteur *ut rem habere liceat*. Le fait dans lequel consiste
le louage, c'est-à dire la durée de jouissance, doit
rester possible pendant tout le temps convenu. Le
locataire ne doit donc plus la *merces* dès que le bailleur se trouve dans l'impossibilité de lui procurer la
jouissance qui expliquait cette *merces*. On peut encore
ajouter à ces raisons que le louage est en général fait
à bref délai. Si la chose augmente de valeur, la *merces*
subira également une augmentation ; et dès lors il ne
serait pas équitable que le locataire, à qui ne profitent
pas les améliorations, eût à supporter les détériorations.

Pothier, qui suit un système différent, voit dans le
louage une série de ventes conditionnelles de fruits futurs, et alors, de même que dans les ventes conditionnelles jusqu'à l'arrivée de la condition les risques sont
pour le vendeur, de même dans le louage il fait supporter
le *periculum* par le bailleur. Voici ses expressions : « Le
» louage s'analyse en une espèce de contrat de vente
» des fruits futurs ou de l'usage futur de la chose
» louée, dont le loyer est le prix. Or, de même que la
» vente des fruits futurs n'est valable et que le prix
» n'en est dû qu'autant que ces fruits naîtront, et se-
» ront par leur existence la matière du contrat, on
» doit pareillement décider qu'il ne peut être dû de
» loyers, lorsque le conducteur n'a pu avoir aucune
» jouissance, ni usage dont ce loyer soit le prix. »
L'explication est assez séduisante et paraît bien con-

cluante; mais on peut objecter à Pothier que le louage a plutôt pour objet de procurer au locataire la faculté de jouir et de faire naître des fruits pour les recueillir ensuite, plutôt que de lui fournir directement la possession ou la propriété des fruits.

Pour être logique, il faudrait d'ailleurs que Pothier décidât qu'en cas de détérioration de l'objet loué, la perte sera pour le locataire. Nous avons vu en effet dans les ventes conditionnelles que le *periculum deteriorationis* est à la charge de l'acheteur ; or, nous voyons précisément le contraire dans les lois 15 § 2, et 26 § 6, au Dig. *locati conducti.*

Enfin Pothier qui admettait autre part l'exigibilité anticipée des loyers à échoir en cas de faillite ou de déconfiture du preneur, faisait lui-même échec à son système, car il n'est pas possible en l'acceptant de justifier cette exigibilité.

C'est en présence de toutes les difficultés soulevées par l'opinion de Pothier que nous lui préférons le premier système.

Occupons-nous maintenant du louage d'industrie. Et d'abord examinons sa première subdivision, le louage d'ouvrage.

Si l'ouvrier a fourni la matière qu'il s'est obligé à façonner, les Romains considèrent cette opération comme une vente ; nous pouvons donc laisser de côté cette hypothèse.

Si l'ouvrier ne fournit que son industrie ou même des matériaux accessoires, mais que le principal objet du contrat soit donné par le locateur, il y a réellement louage. Ainsi, supposons que le propriétaire d'un sol

passe un marché avec un entrepreneur pour lui construire une maison, et que ledit entrepreneur s'engage
à fournir le bois et la pierre, Paul, loi 22, § 2, Dig. 19,
2, nous présente cette convention coin ne un louage :
Cum insulam ædificandam loco, ut sua impensa conduc-
tor omnia faciat, proprietatem quidem eorum ad me
transfert, et tamen locatio est: locat enim artifex ope-
ram suam, id est faciendi necessitatem.

On peut se trouver en présence de deux hypothèses.
Dans la première, l'ouvrage a été entrepris *per aver-*
sionem, c'est-à-dire qu'il ne doit être agréé qu'après
son entier achèvement. Les risques pèseront sur le
conductor, malgré sa fourniture de matériaux et l'achèvement de la construction, jusqu'à ce que le *locator* ait
reçu l'ouvrage. C'est ce que nous enseigne Florentinus
(loi 36, Dig. *locati conducti*) ; *opus quod aversione lo-*
catum est, donec adprobetur, conductoris periculum est.
Quod vero ita conductum sit, ut in pedes, mensurasve
præstetur, eatenus conductoris periculo est, quatenus
admensum non sit : et in utraque causa nociturum loca-
tori, si per eum steterit, quominus opus adprobetur, vel
admetiatur. Si tamen vi majore opus prius interciderit
quam adprobaretur, locatoris periculo est : nisi si aliud
actum sit : non enim amplius præstari locatori oporteat,
quam quod sua cura atque opera consecutus esset. Ainsi
les risques regardent l'ouvrier jusqu'à la réception de
l'ouvrage, à moins que le maître ne soit en demeure
de le recevoir. Nous devons toutefois apporter à cette
solution rigoureuse un tempérament résultant du texte
lui-même de Florentinus : l'ouvrier sera admis à prouver que le cas fortuit ne provient pas de son fait, et

que son ouvrage était bien et solidement confectionné.
C'est du reste ce que nous fait savoir Javolenus, dans
la loi 37 du même titre : *Si priusquam locatori opus
probaretur, vi aliqua consumptum est, detrimentum ad
locatorem pertinet, si tale opus fuit, ut probari deberet.*
Au surplus, c'est l'ouvrier que regarde le soin de faire
la preuve du cas fortuit. Africain, loi 33 Dig. 19, 2,
vient aussi corroborer notre opinion : *Si insulam ædificandam locasses, et solum corruisset, nihilominus teneberis.* Un tremblement de terre vient à renverser la
maison que vous avez fait construire ; votre engagement de payer le prix de cet édifice n'en subsiste pas
moins.

Dans la seconde hypothèse qu'il nous reste à voir,
l'ouvrage a été entrepris par portions qui seront reçues
aussitôt après leur achèvement, *ita conductum est ut in
pedes mensurasve præstetur.* Chaque fois que l'ouvrier
aura fait recevoir une partie de son ouvrage, les risques de cette partie passeront immédiatement au
maître, *eatenus conductoris periculo est quatenus admensum non sit.* Il existe bien au Digeste une loi de Javolenus, lib. 5, ex Labeonis poster., loi 59, 19, 2, qui
semble contrarier notre opinion, mais elle n'offre
qu'une décision isolée basée sur cette idée que le
locator doit supporter les risques, puisque les matériaux lui restent en propriété, malgré la chute du bâ-
timent.

Arrivons maintenant à la seconde subdivision du
louage d'industrie, c'est-à-dire au louage de services.
Le principe admis ici, c'est que l'ouvrier a droit au
salaire en raison du temps pendant lequel il a été à la

disposition du maître. Si donc il a été malade, il se présente la question intéressante de savoir s'il a droit à sa rémunération. La loi 38 de Paul, §1, Dig., 19, 2, nous en donne la solution : l'ouvrier ne pourra réclamer son salaire que *si per eum non stetit quominus operas præstet* ; si donc il a été atteint d'une maladie l'empêchant d'être utile à son maître, il n'aura pas droit au prix des services qu'il n'a pas rendus. Cette décision est conforme à celle d'après laquelle tout débiteur qui se met par son simple fait, et même sans sa faute, dans l'impossibilité d'accomplir son obligation, n'est pas libéré par la perte de la chose due.

Avant de quitter le louage, nous devons dire quelques mots du contrat d'emphytéose. Ce genre de convention ne fut, dans le principe, bien déterminément qu'un louage ; mais, plus tard, le droit de l'emphytéote se produisant comme droit réel, et empruntant à la propriété un grand nombre de ses avantages, on put se demander si le contrat qui l'établissait n'était pas une vente. Néanmoins Gaïus nous dit : *Magis placuit locationem conductionemque esse* (Com. 3, § 145). Plus tard, l'empereur Zénon fit de l'emphytéose un contrat particulier et lui donna une action spéciale.

La théorie des risques revêt, en quelque sorte, dans ce contrat, un double caractère. Si la perte est totale, si la chose périt fortuitement, par exemple, s'il s'agit d'une construction, que cette construction vienne à s'écrouler (Novelle 120, §§ 1 et 2), le contrat est résolu, et aucune redevance n'est due désormais. Cette redevance est, en effet, principalement payée au *dominus* en reconnaissance de sa propriété. La propriété

cessant d'exister, la redevance n'a plus de cause pour
l'avenir. Ici, nous voyons que l'on suit les règles du
louage. Ne pouvant plus procurer aucune jouissance à
l'emphytéote, le *dominus* n'a plus droit à aucune
pensio.

Quant aux simples détériorations, partant toujours
de ce principe que le canon est surtout dû en reconnaissance du droit du maître, nous dirons qu'elles seront supportées par l'emphytéote qui n'aura droit de
ce chef à aucune diminution dans la somme à payer
(Inst., lib. 3, tit. 24, § 3). Là ce sont les règles de la
vente qui semblent prévaloir. En effet, l'emphytéote
ayant non-seulement le droit de retirer tous les services et tous les fruits de la chose, mais étant encore
possesseur et acquérant les fruits par leur seule sépa-
ration du sol, pouvant en outre transférer son droit à
autrui sous certaines réserves, on conçoit parfaitement
qu'en échange de ces avantages, ni la stérilité, ni les
accidents de force majeure qui ont arrêté ou détruit la
récolte, ni même la perte partielle de la chose ne fas-
sent cesser ni ne diminuent son obligation.

III. — *De la société.*

Par le contrat de société les parties, au nombre de
deux, ou de plus, conviennent de mettre en commun
soit la propriété d'une chose, soit sa jouissance, soit
enfin leur industrie, afin d'en retirer un bénéfice
qu'elles se partageront. Quant à l'application des ris-

ques à ce contrat, il faut distinguer : on ira chercher les règles de la vente, si les parties sont convenues de mettre en commun des choses elles-mêmes, afin de les exploiter ; au contraire, on se reportera aux principes du louage, si les contractants n'ont voulu faire entrer dans la société que les fruits et produits provenant des choses. A cet égard lisons Pothier : « Lorsque deux
» personnes contractent entre elles une société pour
» vendre en commun certaines choses qui appartien-
» nent à chacune d'elles et en partager le prix, il faut
» bien examiner quelle a été leur intention. Si elle a
» été de mettre en société les choses mêmes, la so-
» ciété sera des choses, et si l'une des choses vient à
» périr avant la vente que les parties se proposaient
» d'en faire, la perte en sera commune. Mais si elle a
» été de mettre en société, non les choses mêmes,
» mais le prix de la vente qui en serait faite, la perte
» tombera en entier sur celui des associés à qui la
» chose appartenait. »

Examinons d'abord le cas où l'associé a promis d'apporter à la société un corps certain. Ulpien va nous fournir la solution : *Si id, quod quis in societatem contulit, extinctum sit, videndum an pro socio agere possit? Tractatum ita est apud Celsum, lib. 7, Digestorum, ad epistolam Cornelii Felicis: cum tres equos haberes, et ego unum, societatem coimus, ut accepto equo meo, quadrigam venderes et ex pretio quartam mihi redderes. Si igitur ante venditionem equus meus mortuus sit, non putare se Celsus ait, societatem manere nec ex pretio equorum tuorum partem deberi: non enim habendæ quadrigæ, sed vendendæ coitam societatem: cæterum si*

id actum dicatur ut quadriga fieret, eaque communica-
retur, utrique in ea tres partes haberes, ego quartam,
non dubie adhuc socii sumus. Vous avez trois chevaux,
et moi un ; nous formons une société afin d'en faire
un quadrige sur le prix de vente duquel il me revien-
dra un quart. Avant la vente du quadrige, mon cheval meurt. Étant donnée cette hypothèse, Celsus pense
que la société est dissoute, et que par conséquent je
n'aurai pas le droit d'exiger de vous une partie du
produit de la vente de vos trois chevaux. D'après cet
auteur, ce n'est pas en effet pour posséder un quadrige
que la société a été formée, mais bien pour le vendre.
Si cependant l'intention des parties avait été de mettre
en commun la propriété de l'attelage, la mort de mon
cheval n'en laisserait pas moins subsister la société,
qui en supporterait la perte, d'après la règle *res perit*
domino. Quant à moi, j'aurais, dans ce cas, droit au
quart des profits que pourraient procurer les chevaux
survivants. Bien que cette loi nous donne la solution
d'une hypothèse particulière, nous pouvons en déduire
les deux règles suivantes :

1° Si l'associé ne s'engage à procurer que la jouissance d'une chose, ou bien encore promet simplement
son industrie, les risques seront à sa charge, car il n'y
aura là qu'une location, et nous devrons appliquer
les règles suivies en matière de louage. Ne peut-il
plus rendre à la société les services qu'elle attend de
lui ? il cessera désormais de prendre part aux bénéfices.

2° Si l'associé apporte à la société la propriété d'un
objet dont ses co-associés deviennent les coproprié-

taires, concurremment avec lui, la perte sera commune,
alors même qu'elle arriverait avant la réalisation de
l'apport par ledit associé. Nous appliquons ici les règles
suivies dans la vente, car l'objet a été, pour ainsi dire,
vendu à la société. En conséquence l'associé n'en recevra
pas moins sa part des bénéfices faits par la société, bien
qu'en réalité il n'ait rien versé dans le fonds commun.
C'est du reste en nous appuyant sur une phrase
d'Ulpien, invoquée également par les partisans de
l'opinion opposée, que nous soutenons cette théorie :
*Si id actum dicatur ut quadriga fieret, eaque communi-
caretur.* On peut en effet donner deux sens à ce dernier subjonctif. L'idée qui vient le plus naturellement
à l'esprit, c'est que les chevaux doivent être devenus
communs entre les associés pour que les risques deviennent aussi communs. Ce n'est qu'après la formation du quadrige que les chevaux sont devenus la
copropriété des associés. En admettant cette interprétation, les risques ne regardent la société qu'après la
translation de propriété. Mais le véritable sens de ce
membre de phrase nous semble être celui-ci : « S'il a
» été convenu qu'un quadrige serait formé avec les
» chevaux des associés dont la propriété deviendrait
» commune. » En traduisant ainsi, nous nous trouvons d'accord avec les principes suivis pour la vente :
même avant la tradition des chevaux, les risques sont
pour la société, devenue créancière par suite de la
perfection du contrat qui s'est formé *solo consensu.*
Cette explication nous a été fournie par Pothier.

Arrivons en second lieu au cas où l'associé a promis
non plus d'apporter un corps certain, mais bien une

chose d'un certain genre. Ce sera encore Ulpien, loi 58, § 1, Dig., *pro socio*, qui nous indiquera la règle à suivre : *Celsus tractat : Si pecuniam contulissemus ad mercem emendam, et mea pecunia periisset, cui perierit ea? Et ait : Si post collationem evenit ut pecunia periret, quod non fieret, nisi societas coita esset, utrique perire, ut puta si pecunia, cum peregre portaretur ad mercem emendam, periit; si vero ante collationem, posteaquam eam destinasses, tunc perierit, nihil eo nomine consequeris, inquit, quia non societati periit.* Mes associés et moi nous nous promettons l'apport de sommes d'argent pour acheter des marchandises. Si, après avoir réalisé cet apport, l'argent vient à périr, la perte sera pour la société ; c'est ce qui arriverait, par exemple, dans le cas où un associé aurait emporté avec lui les deniers pour un voyage entrepris dans l'intérêt de la société. Ces deniers sont, par ce fait, devenus propriété de la société, qui doit en conséquence en supporter le vol ou la perte.

Nous avons, dans cette explication, laissé de côté un membre de phrase très-peu clair : *ut pecunia periret, quod non fieret nisi societas coita esset.* Cela semblerait vouloir dire que la perte fortuite ne regarde la société qu'autant que cette perte provient de la mise à exécution de la clause sociale. La société serait donc à l'abri des risques si elle parvenait à prouver qu'en toute autre circonstance l'argent versé dans sa caisse aurait péri. Nous ne pensons pas qu'il y ait un sens aussi profond renfermé dans ces quelques mots. Celse voulait simplement préciser le moment de la mise en commun des fonds sociaux. Si chaque associé en effet,

en l'absence d'une gestion sociale organisée, peut tra-
vailler aux affaires de la société, il sera peut-être difficile d'établir nettement le moment où l'argent promis
par un associé est devenu commun entre tous, mais ce
fait une fois justifié, la question des risques sera toute
tranchée, sans qu'on ait à s'inquiéter de savoir si la
chose a péri par la mise à exécution de la société, ou
si, dans toute autre circonstance elle eût également
péri. Celse nous donne lui-même cette solution par
l'opposition bien nette qu'il met entre les deux hypothèses, celle où la perte est arrivée *ante collationem*,
et celle où elle ne s'est produite que *post collationem*.
En un mot, l'apport de l'associé consistant dans un
genre, dans un objet indéterminé, les risques resteront
à sa charge jusqu'à ce qu'il ait, en effectuant son apport, fait passer la propriété de l'objet à la société, et
par là transporté les risques sur sa tête.

IV. — *Des contrats innomés.*

En dehors des contrats naissant *solo consensu*, dont
nous venons de passer en revue les trois principaux, il y
avait, à Rome, des contrats réels, ne se formant que
par l'exécution. Parmi ces contrats, un grand nombre,
rentrant tous dans une des quatre opérations suivantes : *do ut des, do ut facias, facio ut des, facio ut facias*,
ont reçu des commentateurs le nom générique de contrats innomés. Le plus important de ces contrats est,

sans contredit, l'échange; la question des risques y revêt un intérêt tout particulier. Dans une vente, en effet, l'accord des parties une fois intervenu sur la chose et sur le prix, les risques passent immédiatement à l'acheteur. Quand il s'agit de l'échange, au contraire, celui qui a donné ou qui a fait le sacrifice de son droit, peut, au lieu de réclamer, par l'action *præscriptis verbis*, à son adversaire l'exécution du contrat, demander la restitution en propriété de ce qu'il a donné ou le rétablissement du droit qu'il a éteint : dans ce but, on lui a accordé la *condictio causa data, causa non secuta*. Les textes nous montrent fort clairement, s'il s'agit de pactes ayant de l'analogie avec le mandat, que celui qui a donné a le *jus pœnitendi*, c'est-à-dire le droit de changer d'avis et de redemander sa chose par la *condictio causa data, causa non secuta*, tant qu'il n'y a rien eu encore de fait par l'autre partie. Supposons donc qu'avant l'exécution par l'une des parties, un des objets vienne à périr, le contrat n'étant point parfait, c'est comme si la perte se produisait en dehors de tout contrat; nous dirons dès lors : *res perit domino*. Si le contrat innomé a, au contraire, été exécuté par l'une des parties, elle pourra par l'action *præscriptis verbis* contraindre l'autre partie à l'exécution. Mais alors admettons la perte fortuite de l'objet non livré, quelle règle suivra-t-on ? *res perit creditori* où *res perit debitori* ? Telle est la question difficile que nous avons à résoudre, question sur laquelle les jurisconsultes romains paraissent avoir été bien peu d'accord, à en juger par les deux lois principales de la matière. Elles sont l'une de Celse, et l'autre de Paul. Nous devous mettre sous les yeux le texte même de ces lois.

Celsus, loi 16, *de condictione causa data causa non secuta*. *Dedi tibi pecuniam ut mihi Stichum dares : utrum id contractus genus pro portione emptionis et venditionis est? An nulla hic alia obligatio est, quam ob rem dati re non secuta? In quo proclivior sum, et ideo, si mortuus est Stichus, repetere possum ; quod ideo tibi dedi ut mihi Stichum dares.* Je vous ai donné de l'argent pour que vous me transfériez la propriété de l'esclave Stichus. Est-ce là un contrat participant de la vente? n'y a-t-il là qu'un contrat innomé donnant naissance à la *condictio ob rem dati re non secuta*, au cas où l'autre partie ne voudrait pas exécuter? Celse adopte cette dernière manière de voir et en tire cette conclusion que si l'esclave Stichus meurt, les deniers antérieurement livrés par moi, je pourrai les répéter. De cette façon la perte serait pour le maître de l'esclave et non pour moi, qui suis créancier. Ce serait donc la règle *res perit debitori* qu'on appliquerait.

La 2ᵉ loi est de Paul (loi 5, § 1, Dig. *Præscriptis verbis*, liv. XIX, tit. 5). *Et si quidem pecuniam dem ut rem accipiam, emptio et venditio est : sin autem rem do ut rem accipiam, quia non placet permutationem rerum emptionem esse, dubium non est nasci civilem obligationem ; in qua actione id veniet, non ut reddas, quod acceperis, sed ut damneris mihi, quanti interest mea, illud de quo convenit, accipere : vel, si meum recipere velim, repetatur quod datum est, quasi ob rem datum re non secuta. Sed si scyphos tibi dedi, ut Stichum mihi dares, periculo meo Stichus erit : ac tu duntaxat culpam præstare debes.* Je vous ai remis de l'argent pour recevoir une chose déterminée, c'est une vente; si, au contraire, je vous ai livré un corps certain pour en avoir un autre, ce sera un échange qui me donnera le droit d'agir contre vous par l'action *præscriptis verbis*, ou si je préfère rentrer en possession de la chose livrée par moi, je n'aurai qu'à exercer la *condictio ob rem dati re non secuta*. Mais si je vous ai donné des coupes pour que vous me donniez Stichus, cet esclave sera désormais à mes risques; s'il vient à mourir sans qu'aucune faute vous soit imputable, vous serez libéré envers moi de votre obligation. Je supporterai les risques, et vous, vous garderez les coupes.

La question préliminaire de savoir quand la convention est un échange paraît résolue différemment par Paul et par Celse. Nous sommes contraints, vu les dimensions de notre étude, à laisser ce point de côté. La question seule des risques doit nous arrêter : or, les deux lois, que nous venons de citer, sont en contradiction flagrante. Tandis que Paul met les risques à la charge du créancier, Celse semble les faire supporter au débiteur et par là établir une différence entre l'échange et la vente. Comment concilier ces deux auteurs? Bien qu'aucune des explications proposées ne nous satisfasse entièrement, nous allons cependant faire connaître les principales.

Suivant un premier système, Celse et Paul n'auraient pas en vue la même hypothèse. Dans le texte de Paul, les vases ont été livrés avant la mort de l'esclave, et si les risques regardent le créancier, c'est que la convention était parfaite. Par les mots *si mor-*

tuus est Stichus, Celse veut dire, au contraire, que cet esclave était déjà mort au moment où l'autre partie a livré l'argent : la convention n'a donc pas pu naître faute d'objet, et les risques frapperont le *dominus* à qui l'autre partie pourra redemander l'objet livré sans cause. Ceci établi, l'explication devient aisée : on peut assez facilement justifier la différence proposée par Celse entre la vente et l'échange. En effet, s'il y avait vente, les risques seraient pour le créancier, même avant l'exécution ; si, à l'inverse, il y a échange, la perte survenue avant l'exécution sera pour le maître de l'objet péri, *res perit domino*, car il n'y a ni créancier ni débiteur en présence. Dans cette explication, les mots *si mortuus est Stichus* ont été exprès employés par le jurisconsulte pour bien établir que le cas fortuit est arrivé antérieurement à la tradition des deniers ; s'il eût voulu exprimer cette idée : « Si Stichus vient à mourir », il eût certainement écrit : *si morietur*.

C'est dans l'ouvrage de M. de Vangerow, *Lehrbuch den Pandekten*, tome III, § 591, que l'on trouve le système que nous venons d'exposer. Quoiqu'il paraisse assez satisfaisant au premier aspect, on n'en arrive pas moins à croire que si l'antériorité de la mort de Stichus (ou du cas fortuit), eût été la seule raison de décider, Celsus aurait insisté bien davantage sur cette antériorité par rapport à la livraison de la chose. Ne peut-on pas d'ailleurs expliquer autrement l'emploi par le jurisconsulte du passé *si mortuus est* ? en faisant, par exemple, remarquer qu'immédiatement après viennent les mots *repetere possum*. Si, en

effet, je puis répéter, c'est que Stichus est mort avant
cette répétition, et le prétérit employé ne signifierait
donc plus qu'une chose, l'antériorité de la mort de
Stichus sur ma réclamation. D'après M. Accarias,
(Théorie des contrats innomés), l'intention prêtée par
M. de Vangerow à Celse serait une naïveté, et puisqu'il se propose de montrer les différences qui existent entre l'échange et la vente, ce n'est certainement
pas cela qu'il a voulu dire, car ce qu'il établit est, à
coup sûr, vrai de l'échange, mais serait aussi vrai de
la vente.

Dans un second système, afin d'éviter ces objec-
tions, on explique historiquement l'opposition évidente entre Paul et Celse. A l'époque classique les
jurisconsultes romains n'étaient pas unanimes sur
l'effet des contrats innomés. Les Sabiniens voulaient
que, pour les conventions synallagmatiques ne rentrant dans aucune des classes de contrats nommés,
l'on donnât les actions du contrat ayant le plus d'analogie avec la convention sur laquelle on discutait. Les
Proculéiens au contraire préféraient accorder une
action spéciale créée par eux, la *condictio ob rem dati*
re non secuta, sous la condition que *res secuta non sit*.
La partie récalcitrante pouvait être forcée par cette
action à exécuter la convention loyalement formée et
fidèlement exécutée par l'une des parties. Si donc,
après l'exécution par l'un des contractants, l'autre se
met, par son dol ou sa faute, en retard d'exécuter à
son tour, Celse accorde au premier, conformément
aux principes de l'école proculéienne à laquelle il
appartenait, le droit de reprendre par la *condictio*

l'objet livré. Bien plus, il permet encore l'exercice de la *condictio*, lorsque c'est un cas fortuit qui a empêché l'autre partie d'exécuter ; *res secuta non est* ici comme là ; les risques sont donc pour le débiteur qui n'a pas encore exécuté la convention. Quant à Paul, jurisconsulte postérieur à Celse, il raisonne à un autre point de vue : les progrès de la législation ont rendu civilement obligatoires les contrats innomés, en créant l'action *præscriptis verbis*. De l'existence de cette action nous concluons à l'adoption de la règle *res perit creditori*. Si Primus, en effet, a exécuté volontairement la convention, il peut par l'action civile susnommée contraindre son co-contractant Secundus à remplir son obligation. Rien de plus naturel dès lors que de suivre les mêmes principes qu'en matière de vente, puisque, comme dans ce contrat, Primus, en échange de l'objet dont il a perdu la propriété, a obtenu un droit de créance sur l'objet promis. Selon ce système, qui nous paraît le plus admissible de tous, l'insertion au Digeste de la loi 16 serait le résultat d'une inadvertance des rédacteurs. Nous pouvons ajouter que dans le dernier état du droit, l'opinion de Paul était la règle formelle et générale suivie par la jurisprudence. Dioclétien et Maximien la consacrent dans le rescrit ci-après, de la manière la plus nette : *Pecuniam a te datam, si hæc causa pro qua data est, non culpa accipientis, sed fortuito casu non est secuta, minime repeti posse certum est* (L. 10, au Code, *de condict. ob. caus. dat.* 4, 6).

Nous avons encore à parler brièvement d'une troisième conciliation, qui présente une certaine vraisemblance ; néanmoins nos préférences sont accordées à la dernière opinion que nous venons de développer. Dans ce troisième système, on admet que la *condictio ob pœnitentiam* était ouverte, à l'origine, dans chaque contrat innomé. Telle serait l'idée de Celse, et dès lors sa théorie sur les risques se comprend. La *condictio ob rem dati* confondue avec la *condictio ex pœnitentiâ*, servirait à l'exercice de ce *jus pœnitendi*. Paul, au contraire, n'accordait la *condictio ex pœnitentiâ* que dans les contrats innomés présentant de l'analogie avec le mandat. Telle est au moins l'opinion de la plupart des auteurs modernes. (Voir en ce sens M. Demangeat, Cours élémentaire, tome II, page 304 ; en sens inverse M. Ortolan, tome 3, page 335) La *condictio ob rem dati re non secuta* n'est donnée qu'autant que la partie récalcitrante est en faute de ne pas exécuter ; s'il y a eu cas fortuit, son refus est très-justifiable, et elle est libérée de son obligation. Nous ne sachons pas que jamais les deux *condictiones* susdésignées aient été confondues ; nous avons cherché vainement les textes sur lesquels on pourrait asseoir cette doctrine. Dès lors le système ne peut nous agréer.

Ainsi, dans les contrats innomés, comme dans les trois contrats que nous avions précédemment étudiés, nous trouvons toujours la même règle générale, *res perit creditori*, libérant le débiteur par cela seul qu'il n'a commis ni dol ni faute.

V. — *Des obligations alternatives.*

Nous ne saurions terminer la partie de notre étude
relative au droit romain, sans parler des risques dans
les obligations alternatives. Jusqu'ici, en effet, dans
chaque contrat que nous avons examiné, nous n'avons
toujours eu sous les yeux qu'une obligation simple.
Ce n'est pas sans une certaine appréhension que nous
abordons ce sujet difficile et compliqué, sur lequel
les auteurs sont si loin d'être d'accord.

L'obligation alternative n'est ni une obligation de
corps certain, ni une obligation de genre : elle occupe
entre ces deux natures d'obligations, pour ainsi dire,
une position intermédiaire. Jusqu'au choix, l'obligation alternative présente une indétermination d'objet
qui soulève de grandes difficultés, principalement si
l'une des deux choses comprises dans l'alternative
vient à périr par force majeure. Nous supposerons que
l'obligation ne comprend que deux objets, afin de
simplifier nos explications, la solution étant d'ailleurs
la même au cas où il y aurait plus de deux objets re-
latés dans la convention. Nous distinguerons deux
hypothèses, car le choix peut appartenir soit au débiteur, soit au créancier.

1re *Hypothèse.* — Le choix appartient au créancier,
en vertu d'une clause formelle, et l'un des deux objets
seulement périt par cas fortuit. Ici nous ferons une
sous-distinction : ou la perte précède le choix du

créancier et la mise en demeure du débiteur, ou elle est postérieure.

Au premier cas, le créancier perdra la faculté d'opter; il ne pourra plus réclamer que l'objet subsistant encore. Ce n'est toujours que l'application de notre principe constant : *res perit creditori*.

Au second cas, au contraire, le créancier sera fondé à réclamer la valeur de l'objet péri, objet qui seul était *in obligatione* par le choix qu'il en avait fait : par le retard qu'il a mis à livrer, le débiteur a pris les risques pour lui. Ces deux solutions, nous les trouvons dans Papinien, loi 95, *de solutionibus*, au Dig. « *Stichum aut Pamphilum, utrum ego velim, dare spondes? Altero mortuo, qui vivit solus petetur, nisi si mora facta sit in eo mortuo quem petitor elegit; tunc enim perindè solus ille, qui decessit, præbetur, ac si solus in obligationem deductus fuisset.* » Dans le livre 28, *Quæst. Papin.*, Cujas prétend « que si on a décidé ainsi, » c'est qu'on a voulu que le stipulant pût exiger par » son choix la valeur de l'esclave qui était mort » lorsque cet esclave était plus estimé que le survi- » vant », et cela, « *ad coercendum moram promissoris* ».

Il existe un troisième cas, non prévu par Papinien, le voici : le créancier après avoir exercé son choix est en demeure de recevoir l'objet par lui choisi et cet objet est enlevé par cas fortuit; les risques seront pour lui, comme s'il s'agissait d'une obligation pure et simple; car, dès qu'il a opté, d'alternative l'obligation est devenue obligation de corps certain.

2ᵉ *Hypothèse.* — Le choix appartient au débiteur. Ceci peut arriver soit lorsqu'il y a eu une clause

formelle à cet égard, soit lorsque le contrat est muet
sur la question. Dans le doute, en effet, les sub-
ventions s'interprètent toujours en faveur du débiteur. Alors, si le débiteur fait des offres au créancier
qui est en demeure de recevoir l'objet désigné, et que
l'objet périsse, ce sera le créancier qui en supportera
la perte, sans pouvoir demander le prix de l'objet qui
subsiste. *Debitor rei certæ interitu liberatur.* Nous trouvons une application de cette doctrine dans la loi 105,
Dig., *de verb. oblig.* : *Stipulatus sum, Damam aut
Erotem servum dari : cum Damam dares, ego, quominus acciperem, in mora fui ; mortuus est Dama, an
putes me ex stipulatu actionem habere? Respondit :
secundum Massurii Sabini opinionem puto te ex stipulatu agere non posse : nam is recte existimabat, si per
debitorem mora non esset, quominus id quod debebat sol-
veret, continuo eum debito liberari.* Du moment que le
créancier est en demeure de recevoir l'objet dont le
débiteur lui a fait l'offre, ce dernier est entièrement
libéré. Si donc le créancier n'était pas *in morâ*, il
pourrait réclamer, à titre de *datio in solutum*, l'esclave
survivant (loi 34, § 6, *de contr. empt.*).

Maintenant nous allons nous heurter à de réelles
difficultés. Le choix n'a pas été exercé et aucune des
parties n'est en demeure. Dans cette situation l'un des
objet périt ; l'obligation est-elle restreinte à celui qui
reste et se transforme-t-elle en obligation d'objet
déterminé? Le débiteur perd-il son droit de choisir?
Nous trouvons dans Papinien, l. 95, § 1, Dig., 46, 3,
une réponse à cette question : *Quod si promissoris
fuerit electio, defuncto altero; qui superest æque peti*

poterit. Ce qui semble résulter de cette phrase, c'est que si le choix appartient au débiteur et que l'un des deux objets compris dans l'alternative périsse, le dernier objet pourra seul être réclamé déterminément par le créancier.

Pothier, dans son Traité des obligations, n° 251, adopte formellement cette doctrine : « Lorsque plu-
» sieurs choses sont dues sous une alternative, l'extinc-
» tion de l'une desdites choses n'éteint point l'obliga-
» tion, car toutes étant dues, l'obligation subsiste
» dans celles qui restent....., La chose qui est périe
» n'existant plus, n'est plus due; celle qui reste est la
» seule qui reste due, et par conséquent la seule qui
» puisse être payée ».

Dans ses textes choisis (page 191), M. Pellat accepte complétement l'interprétation de Pothier, à laquelle du reste la loi 34 de Paul, § 6, *de contr. empt.,* apporte une grande autorité. Elle est ainsi conçue : *Si emptio ita facta fuerit : est mihi emptus Stichus aut Pamphilus, in potestate est venditoris, quem velit dare, sicut in stipulationibus ; sed uno mortuo, qui superest dandus est : ideo prioris periculum ad venditorem, posterioris ad empto-rem respicit. Sed et si pariter decesserunt pretium debebitur : unus enim utique periculo emptoris vixit.* On ne peut souhaiter de texte plus explicite pour corroborer l'opinion de Pothier; l'un des deux esclaves étant venu à mourir, d'alternative l'obligation devient pure et simple, ayant pour objet déterminé le seul esclave survivant.

Malheureusement à côté de ces textes si précis, nous en trouvons un autre, la loi 47, § 3, Dig., *de leg.*

d'Ulpien, qui ne laisse pas que de contrarier assez vivement notre solution : *Sed si Stichus aut Pamphilus legetur, et alter ex his vel in fugâ sit vel apud hostes, dicendum erit præsentem præstari, aut absentis æstimationem; toties enim electio est committenda heredi quoties moram non est facturus legatario. Qua ratione placuit et si alter decesserit, alterum omnimodo præstandum, vel fortassis mortui pretium.* Dans ce texte Ulpien autorise le débiteur à livrer l'esclave survivant, ou la valeur de celui qui est mort. Voilà une décision bien contradictoire avec celles que nous avons exposées ci-dessus. Les partisans de l'opinion d'après laquelle *qui superest solus dandus est*, sont contraints, pour repousser l'objection tirée de la phrase d'Ulpien, de bâtir une hypothèse assez ingénieuse du reste, mais qui n'est justifiée par aucun principe ni par aucun texte. Ils supposent, Dumoulin en tête, que l'héritier pourra dans certains cas conserver le droit d'offrir la valeur de l'esclave décédé, quand, par exemple, prévoyant cette mort subite, le testateur aura maintenu le choix à l'héritier, afin de ne pas augmenter les charges de ce dernier. Toute leur argumentation repose sur le mot *fortassis*, mot ambigu, cela est vrai, mais qui n'autorise pas d'aussi vastes suppositions.

En présence de l'opposition incontestable qui existe entre des auteurs aussi importants, je crois que le meilleur parti à prendre est de rechercher dans les principes généraux du droit et de la raison si le choix doit être enlevé ou maintenu au débiteur. Ce point une fois éclairci, nous pourrons en rapprocher les textes qui nous sembleront lui donner de la force, et essayer de concilier, si faire se peut, ceux qui paraîtraient lui faire obstacle.

Aussi bien dans la loi romaine que dans la loi française, les conventions, en l'absence de clauses spéciales, sont plutôt interprétées en faveur du débiteur que du créancier. Ce principe admis, est-il juste, est-il naturel, de décider qu'un cas fortuit pourra aggraver la position du débiteur qui, dans notre espèce, n'a rien à se reprocher? Ce même débiteur subit déjà une perte considérable pour ne pas avoir exercé son choix avant la mort de l'esclave. Malgré cette perte, on comprend parfaitement que le débiteur ne soit pas libéré par le cas fortuit, sous prétexte qu'il eût pu diriger son choix sur la chose disparue. En effet, la perte étant arrivée, le choix du débiteur ne saurait s'exercer avec la même sincérité qu'auparavant : il est donc rationnel que l'obligation soit maintenue. Mais aller plus loin, imposer de plus lourdes charges au débiteur, objet constant de l'intérêt de la loi, serait contraire à l'équité.

Nous ne croyons pas davantage que la solution de Dumoulin soit plus admissible en droit qu'en équité. Personne ne nous contestera que le *periculum deteriorationis* ou les risques de la perte partielle incombent au créancier. Cette circonstance d'une dégradation quelconque ne retire nullement au débiteur la liberté du choix; tant qu'il n'y a pas eu, à proprement parler, de changement de substance de l'une des deux choses, le choix est entièrement libre entre elles. Pourquoi dès lors la perte totale enlèverait-elle au débiteur l'avantage du choix? Pourquoi ce qui est vrai de la partie ne serait-il pas vrai du tout? Il y a évi-

demment eu *periculum deteriorationis*, puisqu'au lieu
de l'un des esclaves, on ne peut plus représenter que
sa valeur. Soyons donc logiques et mettons les risques
à la charge du créancier qui, en conséquence, n'aura
droit qu'à une simple valeur en argent, si le débiteur
préfère se libérer de cette manière.

Pothier était de cet avis, du moins au commencement, car plus tard malheureusement il l'abandonna.
Voici ce qu'il disait à ce sujet : Ulpien, après la perte
de l'une des choses comprises dans l'alternative,
accorde au débiteur, s'il avait le choix, le droit d'offrir,
au lieu de la chose qui reste, l'estimation de la chose
détruite. Papinien, au contraire, ferait allusion à l'opinion d'Ulpien, qu'il repousse, et chercherait à établir
que même en l'admettant, on ne pourrait pas l'appliquer, s'il y avait faute de la part du débiteur. Pothier
sous-entend un membre de phrase qui éclaircirait entièrement la loi de Papinien : *Supple : nec hoc casu obtineret sententia eorum qui existimant posse solvi mortui
pretium; hæc enim sententia, si potest obtinere, eo duntaxat casu obtineret quo prior citra culpam promissoris
mortuus esset ; non autem in præsenti casu, in quo
nempe hoc ipsum ut solus qui superest debeatur, in pœnam promissoris constitutum est.* Il importe donc de
distinguer entre le cas où le premier esclave est mort
par cas fortuit, ce qui est l'hypothèse d'Ulpien, et celui
où l'esclave serait mort par suite du fait du débiteur,
hypothèse prévue par Papinien. Dumoulin et Pothier,
dans son second système, invoquent, il est vrai, le
mot *fortassis* de la loi d'Ulpien, pour concilier la loi
47 avec leur doctrine. Mais leur supposition ne peut,

ce me semble, tenir devant le commencement du texte
où nous lisons : *Si alter ex his vel in fuga sit, vel apud
hostes, dicendum erit, prœsentem prœstari aut absentis
œstimationem.* Devant cette clarté d'expression, il me
semble impossible de retirer au débiteur le droit de
choisir, qu'il tenait du testateur : cela est du reste
senti par Dumoulin lui-même qui, dans ce cas, n'ose le
lui contester. En présence de ce texte, nous pensons
que si Ulpien eût établi une différence entre le cas de
fuite de l'esclave, et le cas de son décès, il l'eût certainement exprimée par un mot plus significatif que *fortassis.* Le débiteur n'est, d'ailleurs, pas plus en faute
dans un cas que dans l'autre, et il n'y a pas de raison
valable de distinguer les deux hypothèses.

Dans la dernière partie de la loi 95, Papinien
s'exprimait ainsi : *Enimvero si facto debitoris alter sit
mortuus, cum debitoris esset electio ; quamvis interim
non alius peti possit, quam qui solvi etiam potest, neque
defuncto afferri œstimatio potest, si forte longe fuit
vilior, quoniam id pro petitore in pœnam promissoris
constitutum est...* Cette dernière phrase nous montre que
le débiteur subit une conséquence fâcheuse, mais juste
de la faute par laquelle il a rendu le choix impossible.
C'est donc *in pœnam promissoris,* et dans l'intérêt du
créancier; *pro petitore,* que ce droit lui a été enlevé.
Voilà, nous le croyons, une confirmation manifeste du
sens par nous donné à la première phrase du texte
de Papinien, et d'après lequel, quand il n'est pas en
faute, le débiteur doit conserver le bénéfice de l'option.

Le système que nous venons de développer se trouve
exposé par Cujas, liv. 28. *Quœst. Papin. : Quod si electio*

*fuerit promissoris, mortuo altero, is qui superest peti et
solvi potest : an solus debetur ? an durat electio promissori, ut liberetur præstando æstimationem mortui qui
forte longe fuit vilior ? Et verissimum est integram esse
electionem promissori, ut vel pretium mortui præstet, si
sine culpa ejus mortuus sit.* Un peu plus loin, Cujas
s'exprime encore de la manière suivante : *Cum est electio promissoris, multum interesse alter servus moriatur
culpa promissoris an non ; nam sine culpa, etiam post
mortem unius electio ei conservatur.*

Il nous reste encore à démontrer que la loi de Paul
ne contrarie pas notre solution. Nous pensons qu'elle y
est tout à fait étrangère : le jurisconsulte s'y demande
si, dans une vente alternative, l'acheteur est toujours
débiteur du prix, malgré la perte d'une des choses
comprises dans la vente. Il décide que cette perte frappera le vendeur, qui, n'étant pas libéré, ne touchera
qu'un prix, pour une double valeur dont il sera privé.
*Ideo prioris periculum ad venditorem, posterioris ad
emptorem respicit.* Ce que Paul voulait déterminer,
c'est si l'acheteur peut, en offrant le prix, exiger que
le vendeur exécute la vente malgré la perte de l'une
des deux choses; dans ce cas, le vendeur souffrirait
un réel dommage, comme nous le disions ci-dessus. Il
ne recherche pas si, pour établir l'obligation dont est
tenu le vendeur, il faut faire entrer en ligne de compte
l'avantage du choix que le contrat lui avait concédé.
Il met en parallèle deux hypothèses: dans la première
l'un des esclaves survit, *qui superest dandus est;* dans la
seconde les deux esclaves sont morts, *sed et si pariter
decesserint, pretium debebitur.*

Pour étudier maintenant le cas, d'ailleurs non con-
troversé, où, après la mort de l'un des esclaves arrivée
par le fait ou la faute du débiteur, le second vient à
mourir par cas fortuit, nous n'avons qu'à continuer la
lecture du texte de Papinien que nous venons de citer:
Enimvero si facto debitoris alter sit mortuus, quum de-
bitoris esset electio..., tamen et si alter servus postea
sine culpa debitoris moriatur, nullo modo ex stipulatu
agi poterit; cum illo in tempore quo moriebatur, non
commiserit stipulationem. Sanè quoniam impunita non
debent esse admissa, doli actio non immerito desiderabi-
tur. Ainsi donc, le stipulant ne pourra pas agir par l'action *ex stipulatu*; d'après Papinien, en tuant l'un de
ses esclaves, le débiteur n'a fait qu'exercer son choix ;
l'obligation n'a plus désormais pour objet déterminé
que le second esclave. Si celui-ci vient à périr ensuite
fortuitement, *debitor certæ rei interitu liberatur.* Ceci
est certainement logique, mais tout le monde est d'accord pour en trouver le résultat contraire à l'équité.
Le débiteur, en effet, n'a pas le droit de choisir avant
l'époque du payement ; car, en agissant ainsi, il em-
pire la condition du créancier, et change la nature de
l'obligation. Il ne peut exercer son choix qu'au moment où il exécute la dette, et de même que le créancier
ne pourrait pas le contraindre à choisir avant ce moment, il ne peut pas, lui débiteur, nuire au créancier
en opérant un choix prématuré, et en doublant les
chances de perte au préjudice du créancier.

N'exagérons pas cependant l'idée de Papinien en
disant que l'obligation sera éteinte absolument : le
créancier sera dédommagé par une action en domma-

ges-intérêts au moyen de laquelle il arrivera, en fin de
compte, à ne pas supporter les risques. Cela ressort
du texte même du jurisconsulte, et Cujas nous l'explique de la manière suivante : *Si unus decesserit culpa
promissoris, puta quod cum acciderit, deinde alter moriatur, sed sine culpa promissoris, non tenetur promissor
actione ex stipulatu, ne in æstimationem quidem : quia
posterior, qui mortuus est, in quo consistebat obligatio,
mortuus est antequam stipulationi locus esset, id est, ante
moram et culpam promis.oris, neque enim posterior
culpa ejus interiit, sed tenetur actione de dolo in id
quod interest, ne impunita sit culpa, ne impunitus sit
dolus.*

Quant au chiffre de l'indemnité, quel sera-t-il ? Suivant Pothier, l'équité voudrait que le débiteur fût tenu
du prix de la chose qui a péri par sa faute. D'après
M. Mourlon, la condamnation devrait être proportion-
née à la valeur de celle des deux choses qui valait le
moins, car le débiteur l'aurait choisie. Selon M. Labbé,
qui à ce sujet rapproche du droit romain le Code Napoléon, le créancier ne pourra réclamer que l'estimation de celui qui est mort le dernier. Nous ne pouvons
pas traiter cette question, qui nous entraînerait trop
loin ; constatons seulement que, par suite de son dol,
ou de sa faute, le débiteur est responsable vis-à-vis du
créancier de la perte produite.

CONCLUSION.

En analysant séparément chacun des différents contrats synallagmatiques que nous avons successivement passés en revue, nous avons pu remarquer que
le principe dominant, en matière de risques, était le
suivant : une chose due, moyennant un équivalent,
est aux risques et périls du créancier : qu'elle vienne
à périr, ce dernier n'en supporte pas moins le sacrifice
de l'équivalent par lui promis ou donné. *Res perit
creditori*, telle est la règle que nous croyons avoir pré-
valu dans la loi romaine ; nous reconnaissons cependant qu'au cas de louage, ce n'est qu'en l'envisageant
d'une façon subtile qu'on peut arriver à lui faire l'application de cette maxime. Quant au louage d'industrie spécialement, les solutions que nous y avons rencontrées se refusent absolument à l'admettre. Nous
pensons donc que, pour déterminer d'une manière
générale, en droit romain, les règles adoptées pour
les risques, on doit faire la distinction suivante :

Ou le contrat a pour but de procurer la propriété

d'un corps certain, ou tout au moins, relativement à
ce corps, une situation analogue permettant d'en retirer toute l'utilité? Dans ce cas, les risques frapperont le créancier; il devra fournir l'équivalent promis,
bien qu'il ne puisse rien recevoir en échange.

Ou le contrat a pour but de procurer la jouissance
ou l'usage d'une chose ou d'une faculté de l'homme?
Ici, l'équivalent n'est dû qu'en raison directe de l'a-
vantage procuré; c'est le débiteur qui supporte les
risques; il n'a plus droit d'exiger la rémunération cor-
respondante aux prestations de jouissance ou d'usage
qu'il lui sera désormais impossible de faire.

Tel est le système qui nous semble établir de la
manière la plus nette la théorie de la jurisprudence
romaine.

Quant à la règle *res perit creditori*, dont nous reconnaissons la fréquente application, elle est loin
d'avoir été unanimement admise par tous les commentateurs du droit romain; Perrèzius et Vinnius
notamment proclament, dans beaucoup de cas, l'existence de la règle contraire, *res perit domino*, qu'ils
appuient sur un rescrit de Dioclétien: (loi 9, Cod., *de
pignor. act.*, 4, 24). *Pignus in bonis debitoris perma-
nere, ideoque ipsi perire in dubium non venit. Cum
igitur adseveras in horreis pignora deposita, consequens
est, secundum jus perpetuum pignoribus debitori per-
euntibus (si tamen in horreis, quibus et alii solebant
publice uti, res depositæ sint), personalem actionem de-
biti reposcendi causa integram te habere.* De cette loi
il résulte que, quand un objet donné en gage vient à
périr, c'est le débiteur, qui en est le *dominus* en

même temps, que cette perte atteint : le créancier gagiste conserve toujours sa créance.

L'objection tirée de cette loi ne saurait nous arrêter,
car Pothier nous en fournit l'excellente réfutation qui
suit : « La maxime *res perit domino* reçoit application
» lorsqu'on oppose le propriétaire à ceux qui ont la
» garde ou l'usage de la chose; en ce cas, la chose
» périt pour le propriétaire plutôt que pour ceux qui
» en avaient la garde ou l'usage, lesquels, par la perte
» qui arrive de la chose sans leur faute, sont déchar-
» gés de l'obligation qu'ils avaient contractée de la
» rendre. Mais lorsqu'on oppose le propriétaire débi-
» teur d'une chose du créancier de cette chose qui a
» une action contre le propriétaire pour se la faire
» livrer, en ce cas, la chose périt pour le créancier
» plutôt que pour le propriétaire, qui, par la perte de
» la chose, est libéré de l'obligation de la livrer. »

Les deux maximes opposées *res perit creditori* et *res
perit domino* se confondent, dans la loi 9 de Dioclétien, sur la même personne, que sa qualité de propriétaire n'empêche nullement d'être créancière quant
à la restitution de l'objet donné en gage. Ce qu'il y a
de plus singulier, c'est que Vinnius lui-même, parlant,
il est vrai, d'une hypothèse spéciale, celle de société,
nous présente d'excellents arguments contre le principe qu'il admet autre part : *Respondeo male*, dit-il
livre 3, tit. XXIV, *ex lege* 19 *generaliter colligitur,
rem semper perire suo domino; sed hoc recte perire suo
domino, si idem dominus sit et creditor in ea re, id est,
cui res ex obligatione restitui debet; uti accidit in re
deposita, commodata, locata, item in re pignori data.*

Nam qui pignus dedit, is quidem habita ratione sortis debitor dicitur, sed in repetenda re pignorata creditor est.

Si, au commencement du rescrit, l'empereur ratta-che l'idée de continuation de la dette à cette autre idée que l'objet engagé appartient encore au débiteur, cela s'explique parce qu'il voulait excepter de sa règle le cas où le créancier serait devenu, avant la perte, pro-priétaire de l'objet du gage par une dation en paye-ment.

Disons, en terminant, que si le gage eût été consti-tué par une personne autre que le débiteur, ou si le débiteur eût engagé un objet appartenant à autrui, Dioclétien ne se fût certainement pas servi des mêmes expressions. Les Institutes contiennent (liv. 3, tit. XV, § 4), ces mots : *Si (creditor) aliquo fortuito casu rem (pignoratam) amiserit, securum esse, nec impediri cre-ditum petere.* Ici les termes sont simples et exacts, et aucun auteur n'aurait la pensée d'en tirer la maxime *res perit domino.*

Suivant M. Molitor (tome I, n° 278) « les personnes » qui ont voulu appliquer en droit romain la règle » *res perit domino* l'ont trouvée dans la lutte du droit » romain avec le droit germanique. En vertu du droit » germanique, celui qui avait pris une chose sous sa » garde devait en répondre même lorsqu'elle avait » péri fortuitement; telle était la responsabilité du » commodataire, du créancier gagiste, du dépositaire. » Or ce fut pour repousser cette responsabilité du » droit coutumier que les interprètes introduisirent » la règle *res perit domino.* C'est pourquoi les auteurs

» font remarquer que la règle n'a d'application qu'aux
» contrats qui ont pour objet la restitution, et non à
» ceux qui ont pour objet l'acquisition d'une chose. »

Maintenant, tout en constatant l'existence de la règle : *res perit creditori*, je ne puis m'empêcher de
trouver que dans les cas où elle règne sans conteste,
elle a souvent le défaut d'être peu conforme à l'intention des parties, et ce motif à lui seul suffit pour me
faire préférer la règle du Code Napoléon, en vertu de
laquelle il faut, pour qu'une personne supporte les
risques d'une chose, que cette chose soit réellement
entrée dans son patrimoine. C'est ce que, dans la seconde partie de mon étude, je vais m'efforcer d'établir.

DROIT FRANÇAIS.

DES RISQUES EN MATIÈRE DE CONTRATS
SYNALLAGMATIQUES.

Il serait peut-être plus logique de suivre ici la
même marche que nous avons adoptée pour le droit
romain, mais l'article 1138 du Code Napoléon étant le
fondement du système suivi, pour les risques, dans
les divers contrats, et formulant des règles générales
applicables à chacun d'eux, nous croyons préférable
d'établir, dès le début, une théorie d'ensemble à laquelle nous essayerons successivement de rattacher la
solution que nous donnerons à chaque hypothèse en
particulier.

Sous notre ancienne monarchie, quelques jurisconsultes de mérite ont contesté la translation dans notre
droit de la règle romaine : *res perit creditori;* mais le
plus grand nombre des auteurs s'en tenait aux textes

5

clairs et précis que nous avons étudiés au Digeste et aux Institutes. Pothier (Traité de la vente, n° 309), nous fait voir que la règle *res perit creditori*, avait pénétré non-seulement dans nos pays de droit écrit, mais aussi dans les pays coutumiers : « La chose vendue, dit-il, » dès le moment du contrat étant aux risques de l'ache- » teur, lorsqu'elle est vendue *per aversionem*, demeu- » rant au contraire aux risques du vendeur, jusqu'à ce » que le mesurage en ait été fait lorsqu'elle est ven- » due à la mesure, etc... » Ce principe nous a conduits jusqu'à la promulgation du Code, qui consacre une règle nouvelle relativement à la transmission de la propriété. Aujourd'hui la propriété se transfère par le seul effet de la convention; point n'est besoin de li- vraison pour rendre *dominus* le créancier : c'est ce que nous trouvons aux articles 1138 et 1583. Prenons la vente pour exemple : dès qu'on est tombé d'accord sur la chose et sur le prix, c'est-à-dire aussitôt après la perfection du contrat, l'acheteur devient proprié- taire et prend à sa charge les risques. Tout l'intérêt de la question consiste donc à savoir si c'est en sa qualité de propriétaire qu'il les supporte. On pourrait en effet bâtir une hypothèse particulière où la propriété ne serait pas transférée : dans ce cas, qui de lui ou du vendeur supporterait la perte? Si nous appliquons la maxime *res perit creditori*, le dommage pèsera sur l'acheteur. Si au contraire nous admettons que les ré- dacteurs du Code aient voulu consacrer un principe nouveau, *res perit domino*, nous dirons que les risques porteront sur le vendeur, à qui la propriété n'a pas été enlevée par la convention.

Or, dans l'art. 1138, nous lisons : « L'obligation
» de livrer la chose est parfaite par le seul consente-
» ment des parties contractantes. Elle rend le créan-
» cier propriétaire, et met la chose à ses risques dès
» l'instant où elle a dû être livrée, encore que la tra-
» dition n'en ait point été faite, à moins que le débi-
» teur ne soit en demeure de la livrer, auquel cas la
» chose reste aux risques de ce dernier. » Ainsi
donc, aussitôt la propriété transférée, la chose qui
forme l'objet de la convention est aux risques du
créancier devenu propriétaire. Par conséquent si elle
périt par cas fortuit, il sera néanmoins tenu de procurer au débiteur libéré l'équivalent qu'il lui avait
promis, en échange de la chose qui a péri.

Le législateur voulant déroger aux anciens principes et consacrer la règle *res perit domino*, a eu soin
de réunir dans une seule et même phrase les deux
effets qu'il voulait attribuer aux conventions. Les
risques pour l'acheteur propriétaire ne sont, d'après
lui, que la conséquence du transport de la propriété.
Le conseiller d'État, Bigot-Préameneu, chargé d'exposer les motifs de l'art. 1138, disait : « C'est le con-
» sentement des contractants qui rend parfaite l'obli-
» gation de livrer la chose. Il n'est donc pas besoin
» de tradition réelle pour que le créancier doive être
» considéré comme propriétaire, aussitôt que l'ins-
» tant où la livraison doit se faire est arrivé. Ce n'est
» plus alors un simple droit à la chose qu'a le créan-
» cier, c'est un droit de propriété, *jus in re;* si donc
» elle périt par force majeure ou par cas fortuit
» depuis l'époque où elle a dû être livrée, la perte est

» pour le créancier, suivant la règle *res perit domino.*»

Au surplus, si le bien vendu appartient au vendeur, on arrive par les deux règles opposées, à donner la solution que les risques frapperont l'acheteur. Il semble donc y avoir peu d'intérêt à démontrer que l'une d'elles ait été adoptée plutôt que l'autre. MM. Aubry et Rau constatent même leur juxtaposition dans notre droit. Suivant ces auteurs, § 340, note 27, « à côté du motif qui a décidé les jurisconsultes ro-» mains dans la question des risques, motif qui n'a » rien perdu de sa force, est venue se placer, d'après » le Code Napoléon, une autre raison tirée de la règle » *res perit domino.* »

Néanmoins nous croyons nécessaire de définir le principe admis, d'après nous, par les rédacteurs, car les deux maximes ne peuvent concourir ensemble. Bien que dans presque toutes les conventions, la propriété passe du débiteur au créancier instantanément, il peut parfaitement arriver que les parties remettent d'un commun accord, à une époque ultérieure le transport de la propriété. Il peut encore se produire ceci, c'est que le vendeur ne soit pas actuellement propriétaire du corps certain qu'il a vendu. Dans chacune de ces hypothèses, il s'écoulera un certain temps pendant lequel l'acheteur n'aura que la qualité de créancier, absolument comme en droit romain. Une perte survenant, quelle est la partie qui la supportera?

Pour nous, il nous semble évident que ce sera le vendeur. Si, en effet, la loi a mis les risques à la charge de l'acheteur, dès que la propriété lui a été

transférée, c'est parce que, interprétant la volonté des
parties, elle suppose que celle qui a immédiatement
fait passer à son co-contractant la propriété de la
chose, a eu l'intention de faire un contrat définitif,
que les éventualités de l'avenir ne puissent point
atteindre. Elle a entendu ne pas rester plus longtemps
responsable d'une chose qui avait cessé de lui appartenir. Au contraire, dans l'espèce sur laquelle nous
discutons, il y a volonté formelle, manifeste de la
part du vendeur, de conserver la propriété. Ne considérant les risques que comme la conséquence de cette
propriété, nous devons décider que, dans ce cas, ils
regarderont ce dernier. Remarquons encore que,
dans les contrats conditionnels, les risques ne sont
pas supportés par le créancier qui a cependant acquis
une propriété conditionnelle ; donc, *a fortiori*, il doit
en être de même du créancier qui n'a acquis aucune
propriété.

Nous avons déjà cité Bigot-Préameneu ; nous trouvons encore, dans un autre passage de son exposé des
motifs, un argument en faveur de la thèse que nous
soutenons : (Locré, tome XII, n° 171.) « On a vu que
» l'obligation de livrer mettait la chose aux risques
» du créancier devenu propriétaire, dès l'instant où
» elle aurait dû être livrée, lors même que la tradi-
» tion n'en aurait point été faite, et que cette chose ne
» restait aux risques du débiteur que dans le cas où il
» n'aurait pas apporté les soins d'un bon père de fa-
» mille pour la conserver et dans le cas où il serait en
» demeure. » L'article 1138 du Code, le seul qui soit
relatif à notre théorie, nous montre également que

« la chose est aux risques du créancier qui en devient propriétaire. » Donc, dirons-nous, tant qu'il n'en est que créancier, le *periculum* n'est pas pour lui.

On objecte à notre système l'art. 1302, qui éteint l'obligation, lorsque la chose périt sans la faute du débiteur et que ce dernier ne s'est pas chargé des cas fortuits. Nous ne pouvons nier que ses termes ne soient contraires en apparence à la solution que nous venons de donner, mais il s'agit, dans cet article, de l'extinction des obligations de donner, même unilatérales, où la question des risques ne peut pas se poser avec l'intérêt qu'elle présente dans les conventions synallagmatiques, c'est-à-dire où il n'est pas sujet d'une obligation réciproque du créancier envers le débiteur.

Ainsi, nous croyons à l'abrogation de la règle romaine *res perit creditori*. Les termes formels de la loi, et en outre l'équité des résultats nous font préférer la règle *res perit domino*. Si nous reprenons en effet une des hypothèses que nous n'avons fait qu'indiquer, celle où le vendeur s'est engagé à procurer la propriété d'un corps certain appartenant à autrui, et que nous supposions la perte fortuite de cet objet avant que l'acheteur n'en ait été rendu propriétaire, nous trouvons équitable, en nous appuyant sur l'art. 1138, de laisser les risques au vendeur. L'acheteur n'ayant pas acquis la propriété, n'a certainement pas atteint le but auquel il se proposait d'arriver, il n'a plus de chances de l'atteindre ultérieurement ; l'obligation qu'il avait contractée de payer le prix se trouve donc sans cause, car il est certain qu'elle ne se réalisera plus.

D'après M. Larombière, dans son Traité des obliga-

tions, tome I, page 440, « l'art. 1138 nous a heu-
» reusement fait grâce des subtilités du droit romain
» et de l'ancienne jurisprudence, et si la chose est au-
» jourd'hui aux risques du créancier dès l'instant où
» elle a dû être livrée, c'est par une application très-
» exacte de la règle *res perit domino*. »

On a récemment tiré de l'art. 1867 du Code Napoléon un excellent argument à l'appui de l'opinion que
nous avons admise. Cet article est ainsi conçu : « Lors-
» que l'un des associés a promis de mettre en commun
» la propriété d'une chose, la perte survenue avant que
» la mise en soit effectuée, opère la dissolution de la
» société par rapport à tous les associés. La société est
» également dissoute, dans tous les cas, par la perte
» de la chose, lorsque la jouissance seule a été mise en
» commun et que la propriété en est restée dans la
» main de l'associé. Mais la société n'est pas rompue
» par la perte de la chose dont la propriété a déjà été
» apportée à la société. »

L'art. 1832 nous montre qu'une des conditions es-
sentielles à la validité des sociétés consiste dans un
apport que chacun des contractants doit effectuer;
l'un des apports n'étant pas réalisé, l'associé qui en
était débiteur, n'aura droit à aucune part dans le fonds
social, parce que la société a été dissoute. L'art. 1867
que nous venons de citer, présente l'hypothèse où l'un
des associés ayant promis l'apport d'un corps certain
et déterminé, cet apport périt par cas fortuit. Si nous
admettons que la perte frappera la société, elle conti-
nuera d'exister comme par le passé; la faisons-nous
au contraire porter sur l'associé, qui dans ce cas n'aura

effectué aucun apport, la société sera dissoute *ipso facto*
et l'associé n'aura droit à aucune part du fonds social
existant actuellement. Il est donc absolument nécessaire, pour que la société soit dissoute, que l'associé
auteur de la promesse supporte les risques. En exami-
nant l'art. 1867, nous voyons justement qu'il établit
cette dissolution pour le cas où l'un des associés ayant
promis de mettre dans la société un objet certain et
déterminé, cet objet périt par cas fortuit avant que la
propriété n'ait été apportée. Il est donc très-naturel
de conclure de cette décision que les risques ne frapperont pas la société, laquelle n'est encore que créancière, mais bien l'associé resté propriétaire. Donc, *res
perit domino.*

Tome III, n° 988, M. Pardessus admet bien cette
conséquence, mais il distingue entre la perte survenue
avant la tradition et celle qui est arrivée après, pour
la faire supporter, dans le premier cas par l'associé propriétaire, et la mettre, dans le second cas, à la charge
de la société, dont l'existence continue. Nous n'avons
pas besoin d'insister longuement sur la fausseté de cette
opinion, qui se met en contradiction formelle avec
les principes généraux introduits par l'art. 1138, dans
le transport de la propriété. D'ailleurs, l'art. 1867 ne
parle nullement de tradition : il n'a trait qu'à *l'apport
de la propriété*, et la société l'acquiert du jour même
de la promesse. Cela résulte clairement des observations faites au Tribunat : « Lorsque la chose, dont l'un
» des associés a promis de mettre en commun la pro-
» priété même, vient à périr avant que la mise en
» commun en soit effectuée, la perte de cette chose

» doit sans doute opérer la dissolution de la société,
» cet associé se trouvant réduit à l'impossibilité de
» réaliser sa mise. »

Les défenseurs de la règle *res perit creditori* ont été
fort embarrassés pour la concilier avec l'article 1867.
Dans son cours de droit commercial, M. Bravard-
Veyrières déclare que le législateur oppose deux hypothèses distinctes l'une à l'autre. Dans la première
l'associé doit à la société l'apport en propriété d'un
objet ; tant que l'apport ne sera pas effectué, les risques
seront pour lui, puisque la société n'est que créancière
sous la condition que l'associé lui apportera l'objet
promis. Il est donc naturel, suivant M. Bravard, d'appliquer ici les règles des obligations sous condition
suspensive, et de décider que jusqu'à l'arrivée de la
condition, les pertes et détériorations regarderont le
propriétaire. Dans le deuxième cas, placé au secundo
de l'article 1867, il n'est question que d'un apport
consistant dans une jouissance à procurer : la perte
incombera donc à l'associé, par analogie avec les
règles du louage. Ainsi, pour arriver à poser son principe, M. Bravard décide que la société n'est même pas
créancière ! Il nous est difficile de partager cette opinion, car le Code Napoléon la déclare propriétaire
par le seul effet de la convention. L'article 1867 n'a
pas voulu déroger à cette règle nouvelle, et s'il décide
que la propriété n'est pas immédiatement acquise à la
société, c'est qu'il se réfère à des hypothèses spéciales
dans lesquelles la transmission de propriété est retardée, ainsi, par exemple, si l'associé a promis l'apport
d'une chose appartenant à autrui. Suivant MM. Aubry

et Rau, § 344, n° 5, il résulte des observations du Tribunat « que l'on a simplement voulu indiquer les con-
» séquences qu'entraîne, relativement à la dissolution
» de la société, la règle *res perit domino*, et non fixer
» l'époque à laquelle la copropriété de la chose for-
» mant la mise de l'un des associés devait être consi-
» dérée comme acquise aux autres associés. » M. Delvincourt, tome III, page 233, se prononce également
en ce sens. Avec ces auteurs nous croyons fermement
que les mots douteux de l'article 1867 : « avant que
» la mise en soit effectuée » signifient simplement
ceci : « avant que la propriété promise en ait été
apportée à la société ».

Nous trouvons enfin un dernier argument en faveur
de notre règle dans les termes de l'article 100 du Code
de commerce, où on lit que la marchandise sortie du
magasin du vendeur voyage, à moins de convention
contraire, aux risques et périls *de celui à qui elle
appartient*. Il est, à notre avis, difficile de trouver une
expression plus claire et plus significative de la
maxime adoptée par nos législateurs : *res perit
domino*.

I. — De la vente.

Nous allons maintenant essayer de faire l'application de la règle *res perit domino* aux principales conventions de notre droit moderne en commençant par
la vente.

Nous débuterons par la perte antérieure à la conclusion du contrat. Les règles à suivre nous sont
fournies par l'article 1601. Il prévoit deux hypothèses, celle où la chose vendue n'existait plus au
moment de la vente qu'on en faisait, et celle où elle
n'était que détériorée. Dans le premier cas, il n'y a pas
lieu de douter : la chose n'existant plus, la vente est
nulle, car l'obligation du vendeur n'a pas pu naître
faute d'objet, et par conséquent celle de l'acheteur
n'a pas pu naître faute de cause. Le contrat est inexis-
tant lui-même, et on peut en conclure que, si l'acheteur avait payé son prix, il aurait le droit de le répéter. Suivant M. Delvincourt, qui raisonne d'après
l'article 1304, il ne pourrait exercer ce droit que
pendant dix ans. Nous croyons au contraire qu'il
jouira d'un délai de trente ans ; car cet article ne s'est
occupé que des actes rescindables, et il n'y a pas dans
notre espèce de rescision possible d'une vente qui
n'existe pas. L'acheteur n'a qu'une chose à faire, c'est
de répéter son prix, comme l'ayant payé sans cause,
conformément aux articles 1235 et 1376, et si, après
trente ans, on peut lui refuser le droit d'exercer la
répétition, c'est parce que son inaction aussi prolongée
a éteint celle-ci, et non parce qu'elle aurait validé une
vente qui, en somme, n'a jamais existé.

Si au contraire la chose n'a péri qu'en partie, la
solution est plus difficile. La vente peut encore se
conclure, puisque la chose, bien que détériorée, reste
susceptible de former pour le vendeur l'objet de
l'obligation de livrer, et pour l'acheteur la cause de
son obligation de payer le prix. Mais le Code accorde

à l'acheteur le droit de se départir du contrat, ou de réclamer la portion conservée moyennant une réduction proportionnelle du prix que lui consentira le vendeur. On comprend parfaitement cette décision, quand de la chose il reste si peu, qu'évidemment l'acheteur n'eût pas contracté si dès le principe il l'eût connue dans cet état, mais lorsque la partie qui a péri est de peu d'importance et telle que l'acheteur eût quand même conclu le marché, s'il en avait eu connaissance, on se demande s'il pourra encore se départir du contrat ? Nous ne trouvons aucune distinction à ce sujet dans le texte : on pourrait donc penser, en présence du silence de la loi, qu'il aura ce droit. Néanmoins la majorité des auteurs ne prend pas l'article 1601 à la lettre. On en tempère l'application par le principe doctrinal de l'article 1636, qui règle une hypothèse analogue. Si la perte est assez importante pour que l'acheteur, en la connaissant, n'eût pas conclu, il peut, à son choix, se départir du contrat, ou obtenir une diminution de prix. Si la perte est minime, il ne peut réclamer qu'une diminution. (En ce sens : MM. Troplong (1252) et Duranton (XVI-184) ; en sens inverse : MM. Marcadé (6, p. 217) et Zachariæ (II, p. 486).

Passons à la perte postérieure à la conclusion du contrat. Ici, il convient de distinguer, au sujet des risques, les ventes pures et simples de celles qui sont conditionnelles. Nous diviserons ensuite les secondes en ventes sous condition suspensive et ventes sous condition résolutoire. Dans chacune de ces espèces, les règles varieront.

Prenons d'abord une vente pure et simple. Si la chose a été vendue en bloc, l'acheteur supportera les risques comme conséquence de la propriété qu'il a acquise par le seul effet de la convention (art. 1583 et 1586).

Si la chose a été vendue non pas en bloc, mais à tant la mesure, l'art. 1585 nous apprend qu'elle reste aux risques du vendeur jusqu'à ce qu'elle soit mesurée. Dans notre ancienne jurisprudence, calquée à cet égard sur le droit romain, on suivait la même règle, en se basant sur l'idée que nous avons vu si souvent reparaître : *genera non pereunt*. Jusqu'à l'opération du mesurage, la vente est valable, il est vrai, mais sous la condition suspensive que le mesurage aura lieu. Dès qu'il a été effectué, le prix se trouve déterminé, la condition sous laquelle on avait contracté est accomplie, et les risques passent dès lors à l'acheteur.

La différence des solutions entre le cas où la vente a lieu en bloc, et celui où elle est faite à tant la mesure peut se justifier assez facilement. Dans l'hypothèse de la vente en bloc, l'acheteur a montré par le fait qu'il consentait à prendre les marchandises sans autre vérification. C'est un risque qu'il veut bien courir. S'il y a plus qu'il n'espérait, il en profitera; s'il y a moins, il en supportera la perte. Au contraire, dans le cas de vente au compte, au poids ou à la mesure, l'acheteur a entendu ne s'engager à payer le prix qu'en proportion du compte ou de la mesure exacte qu'il recevra. Il a donc fait du mesurage la condition implicite de la vente; et, par suite, jusque-là, conformément à l'art. 1182, les marchandises restent aux risques du vendeur.

Il importe de bien préciser ce qui distingue la vente à la mesure de la vente en bloc. Dans son Traité de la vente (n° 309), Pothier nous indique les principales règles d'après lesquelles le caractère de la vente peut être déterminé. Au sujet de la première règle posée par lui, il existe entre les auteurs un dissentiment qu'il convient de signaler. D'après Pothier, la vente est faite à la mesure lorsque le prix a été expressément convenu pour chaque mesure, alors même qu'on vendrait un tas de blé contenu dans un grenier, déclarant qu'il y a tant de muids, si on le vendait à raison de tant le muid. Voët au contraire, *de periculo et commodo*, lib. 18, t. VI, n° 4, et Charondas, proposent une distinction à la règle de Pothier. Suivant ces auteurs, si je vous vends tout le vin contenu dans une cuve à raison de tant la mesure, l'acheteur supportera les risques dès le moment de la vente, même avant le mesurage. C'est que le contrat est parfait depuis le moment de la convention, car il renferme tous les éléments nécessaires, une chose et un prix certains. Il y aura, en effet, toujours possibilité, au moyen du contenant, d'arriver à la détermination du prix, puisque tout ce qui est dans la cuve est vendu.

La question est donc de savoir si le Code a suivi la doctrine de Voët ou celle de Pothier? M. Troplong, tome I, n° 90, croit à l'adoption de l'idée de Pothier. Quant à nous, nous préférons la solution de Voët, qui a l'avantage d'être, en quelque sorte, consacrée dans les travaux préliminaires. En effet M. Treilhard (voir

Locré, tome XIV, page 49), en parlant de l'art. 4 du projet, dit que cet article n'est peut-être pas très-exact dans sa rédaction, car si l'on achète tout le contenu d'un magasin à raison de tant la mesure, la quotité seule reste indéterminée : les autres éléments du contrat sont fixés. Le consul Cambacérès ajouta à cette remarque quelques observations, et l'article fut ensuite adopté avec le sens que lui donnait M. Treilhard. La doctrine que nous venons d'exposer a été admise par MM. Aubry et Rau, tome IV, § 349, note 28. Nous trouvons encore dans Dalloz un arrêt de la Cour de cassation du 30 août 1830 qui la consacre également.

Une autre hypothèse présente pareillement des difficultés : je vous ai vendu cent hectolitres de blé à prendre dans le tas que contient mon grenier, à raison de tant l'hectolitre. Un point sur lequel on est d'accord, c'est que, tant qu'il restera cent hectolitres de blé, le vendeur supportera la perte; mais il n'en est pas de même si nous supposons que le tas de blé a été entièrement détruit, car il est évident que le blé vendu a été compris dans cette destruction. Ne serait-il pas juste de décider que l'acheteur sera chargé d'une partie de la perte?

Certains auteurs, M. Delvincourt entre autres (tome III, page 62), disent que la perte sera supportée en partie par l'acheteur, par cette raison que le blé, objet de la vente, a certainement été consumé par le feu ou tout autre élément destructeur. Cette doctrine ne peut nous satisfaire, car il n'y a évidemment là qu'une vente à la mesure, et on doit appliquer l'article 1585, qui n'établit aucune distinction entre le cas où l'on a vendu toute la marchandise contenue dans tel endroit, et celui où on n'a vendu qu'une portion à prendre dans la masse. Nous sommes en présence d'une vente conditionnelle dans laquelle les risques sont, en général, pour le vendeur. Tant que la condition du mesurage n'a pas été remplie, la vente est parfaite en ce sens qu'elle produit des obligations conditionnelles, qu'elle transfère une propriété conditionnelle; mais elle est imparfaite au point de vue des risques. C'était du reste l'opinion de Gaïus qui, dans la loi 35, § 7, Dig., *de contra. empt.*, présente une hypothèse absolument semblable à celle de M. Delvincourt, et décide que *omne periculum ad venditorem pertinet.* Le mesurage a pour but de faire cesser tous les doutes au sujet de la contenance réelle du grenier, et de la possibilité d'une substitution de grains de la part du vendeur.

Il est bien entendu, par exemple, que si je vous avais vendu une partie de mon blé, pour un prix unique, vous seriez simplement copropriétaire avec moi, et qu'une perte fortuite vous frapperait dans la mesure de votre propriété.

Admettons maintenant une vente en bloc, *uno pretio*, où le prix une fois déterminé ne varie pas, même s'il y a une différence en plus ou en moins dans la contenance indiquée. Il résulte de l'article 1586 que la vente est parfaite et que les risques regardent l'acheteur, bien que les marchandises n'aient pas encore été pesées, mesurées ou comptées. Cette décision était déjà donnée dans notre ancienne jurisprudence, car le président Fabre a écrit (*Ration.*, tome V, page 277, col. 1 et 2), que la vente avait, dans ce cas, toute sa perfection.

Avant de terminer la question des ventes à tant la mesure, il nous reste à parler du *periculum deteriorationis*, ou perte partielle. Le mesurage étant une condition suspensive de la vente, l'art. 1182 nous fournira notre solution. En vertu de cet article, la perte partielle frappe le vendeur, en ce sens que l'acheteur aura la faculté d'opter, suivant son intérêt, entre le maintien du contrat sans diminution de prix, et sa résolution. Et d'ailleurs l'art. 1585 qui met les risques à la charge du vendeur ne distingue pas la perte partielle de la perte totale. Or, *ubi lex non distinguit, nec nos distinguere debemus*. Certaines personnes, au contraire, ne considérant pas le mesurage comme une condition suspensive, repoussent l'art. 1182, et concluent du silence de l'art. 1585 à l'égard du *periculum deteriorationis* que la perte regardera l'acheteur, parce que, disent-elles, le mesurage n'est pas rendu impossible par la détérioration.

Un seul mot des ventes à terme : le terme ne suspendant point l'engagement et ne faisant que retarder l'exécution de l'obligation, on peut décider, en s'appuyant sur l'art. 1185, que les règles des ventes pures et simples leur seront applicables.

Nous voici arrivés aux ventes conditionnelles. Commençons par les ventes faites sous condition suspensive expresse ou tacite. Le Code Napoléon, par l'art. 1182, a introduit dans le droit une règle nouvelle : il accorde à l'acheteur, en cas de perte partielle, le droit d'opter, suivant son intérêt, pour le maintien du contrat sans diminution de prix, ou pour sa résolution. Quant à la perte totale, il la fait supporter par le vendeur, comme dans l'ancien droit. Le motif de l'innovation que nous venons de signaler est certainement un motif d'équité. On a voulu venir au secours de l'acheteur que la loi romaine atteignait trop durement, en lui imposant les risques de la perte partielle d'une chose sur laquelle il n'avait encore acquis aucun droit. C'était une application de la maxime : *quem sequuntur commoda, cumdem sequi debent incommoda.* Le Code a repoussé ce système : il a pensé probablement qu'il n'entre point dans l'idée de l'acheteur conditionnel d'accepter une position si périlleuse, les chances d'amélioration étant infiniment moins nombreuses que celles de détérioration ; de là la faculté d'opter. Il est difficile de justifier ce changement aux anciens principes; on ne comprend pas non plus pourquoi a été apportée cette exception à la règle de la rétroactivité de la condition. On n'aurait pu se l'expliquer qu'autant qu'une faculté analogue eût été accordée au vendeur, s'il y avait amélioration. En tous cas, *statuit lex.* Voici les raisons que donnait Bigot-Préameneu (Locré, t. XII, p. 341 et 342, n° 68), de la modification introduite dans les risques : « La » loi romaine décidait que si, avant la condition » accomplie, il y avait diminution ou détérioration de » la chose sans la faute du débiteur, le créancier de- » vait en souffrir, de même qu'il profiterait de l'aug- » mentation qui serait survenue. Cette décision ne » s'accorde pas avec le principe suivant lequel, dans » le cas de la condition suspensive, il n'y a pas de » transport de propriété. Ce doit être aux risques du

» débiteur, encore propriétaire, que la chose diminue
» ou se détériore, par la même raison que ce serait à
» ses risques qu'elle périrait. On ne peut argumenter
» contre cette décision de ce que le créancier profite-
» rait des augmentations qui surviendraient. Le dé-
» biteur qui, même sous une condition suspensive,
» s'est obligé à donner une chose, est par cela même
» présumé avoir renoncé aux augmentations acces-
» soires, pour le cas où la condition s'accompli-
» rait; »

Ces motifs ne pourraient suffire qu'en accordant,
comme nous l'avons dit plus haut, un droit réciproque au vendeur. Malheureusement, il n'en est pas ainsi,
et ce dernier n'a qu'un seul moyen d'échapper à la
triste situation qui lui est faite par la loi, c'est de stipu-
ler formellement, en vertu du principe de la liberté des
conventions, que les pertes partielles arrivées *pendente
conditione* seront supportées par l'acheteur. Quoi qu'il
en soit, on peut conclure de la décision prise par les
rédacteurs du Code que la règle *res perit domino* ne les
a pas guidés ici, comme dans les autres cas : c'est en
effet l'acheteur qui est le maître, par son option, de
supporter lui-même les risques, s'il maintient le contrat, et de les mettre à la charge du vendeur, s'il le
fait résoudre.

Passons maintenant aux ventes faites sous condition
résolutoire. Ici, de deux choses l'une : ou la condition
vient à défaillir; dans ce cas, aucune difficulté ne saurait se présenter : l'acheteur sous condition résolutoire
est censé avoir toujours été propriétaire. Nous lui ap-
pliquerons donc la maxime *res perit domino*, comme

on est généralement d'accord pour le faire, en dehors de tout contrat.

Si, au contraire, la chose formant l'objet du contrat est détruite avant l'arrivée de la condition, que déciderons-nous alors ? Nous nous trouvons en face de deux articles qui présentent des solutions différentes : d'après l'art. 1183, la perte devrait être supportée par le vendeur; tandis qu'en suivant l'art. 1182, la perte regardera l'acheteur, considéré dans notre espèce, comme débiteur sous condition suspensive. Cette hésitation provient du silence absolu du Code au sujet des risques dans les obligations sous condition résolutoire : il a fort bien prévu et tranché toutes les questions de perte en matière de conditions suspensives, où il dérogeait aux principes suivis par les Romains et notre ancienne jurisprudence, mais arrivé aux conditions résolutoires qui étaient inconnues à Rome, il a oublié cette particularité, et n'a pas pensé à régler toutes les conséquences de sa nouvelle doctrine. Dans le système généralement suivi, on applique l'art. 1182, qui met les risques à la charge du débiteur sous condition suspensive, et pour cela on transforme en débiteur sous cette dernière condition l'acheteur sous condition résolutoire; c'est donc lui qu'atteindra le dommage produit. Nous ne pouvons nous rallier à cette opinion et nous lui objecterons avec M. Larombière (n° 63, sur l'art. 1183) :

1° Que l'art. 1182 est une exception aux *rationes juris* et qu'il ne faut donc pas l'étendre.

2° Qu'il ne se forme pas de contrat nouveau que l'événement confirme; il n'y a qu'une convention primitive que l'événement résout.

3° Que la transformation de l'acheteur en débiteur est une subtilité.

Ce qui nous paraît le plus sage, c'est d'appliquer purement et simplement à la solution de la question le principe de la rétroactivité ; par conséquent le vendeur doit restituer le prix qu'il retiendrait sans cause, et reprendre son bien dans l'état où il le trouvera. Il n'est pas admissible d'ailleurs que l'acheteur, qui a consenti à laisser insérer dans la convention une condition résolutoire, ait entendu se soumettre aux risques d'une chose dont il a une propriété si fragile, et si sujette à résolution. Les co-contractants ont voulu voir les choses remises au même état que s'il n'y avait eu aucun contrat ; or, en l'absence de tout contrat, c'est le vendeur qui supporterait la perte.

Certaines ventes sont présumées faites sous condition suspensive. Les ventes à l'essai étaient, en droit romain, sauf volonté contraire clairement manifestée, considérées comme faites avec menace d'une résolution conditionnelle : c'était, en conséquence, l'acheteur auquel incombait la perte arrivée *pendente conditione*. Dans notre ancienne jurisprudence, on suivait une autre règle ; on présumait les ventes à l'essai faites sous condition suspensive. L'art. 1588 du Code Napoléon a reproduit la même théorie ; le vendeur supportera donc les risques jusqu'à la réalisation de la condition. Quant aux ventes *ad gustum*, les risques y sont également pour le vendeur.

Avant de clore notre exposé des règles adoptées pour les risques en matière de vente, il nous reste à parler des promesses de vendre et d'acheter soit uni-

latérales, soit réciproques. Mais il nous faut tout
d'abord établir la nature de ces diverses promesses.

Pour les promesses unilatérales, deux systèmes
sont en présence. Dans un premier, proposé par
M. Marcadé, quand la vente est faite dans ces termes :
« Je vous donne dix jours pour vous décider; quant à
» moi, je vous promets dès aujourd'hui de vous
» vendre ma maison, » aucune vente n'a été con-
sentie. Une des parties s'est seulement engagée à
vendre plus tard. Il faudra donc une convention ultérieure pour réaliser la vente et elle ne produira son
effet qu'à partir de ladite convention. Jusque-là elle a
été impuissante à produire des effets même conditionnels puisqu'elle n'existait à aucun titre, pas même à
l'état de contrat conditionnel. « C'est pourquoi, disait
» Pothier (n° 478), la chose qu'il vous a promis de
» vous vendre continue d'être à ses risques ; si elle
» périt, c'est lui qui en supporte la perte, vous n'êtes
» pas obligé de lui payer le prix de cette chose; vous
» ne la lui deviez pas encore, ne l'ayant pas achetée. »
La même décision doit, d'après le même auteur,
n° 403, être appliquée en cas de promesse unilatérale
d'acheter, car le vendeur est resté propriétaire.

Suivant un second système, il y a, dans l'espèce,
vente faite sous une condition purement potestative
de la part de l'acheteur. Le vendeur est obligé, parce
que, quant à lui, la condition est casuelle ; l'acheteur,
au contraire, ne l'est pas ; car on n'est pas obligé du
moment qu'on reste complétement libre. Les risques
frapperont donc le vendeur, comme dans toute autre
vente conditionnelle (article 1182). Ce système est

celui que nous croyons le plus conforme aux idées du Code : de même, en effet, que les promesses réciproques valent vente pure ou à terme, de même les promesses unilatérales valent vente conditionnelle.

Au sujet des promesses synallagmatiques, les opinions sont également partagées.

Quelques personnes pensent que si l'intention des parties de ne contracter qu'au futur est évidente, il faut tenir compte des mots « promesse de vente ou » d'achat » qu'elles ont employés, et qui ne signifient nullement une vente conclue, mais bien une vente à conclure. Si, au contraire, les juges regardent les mots « promesse de vente », insérés dans l'acte, comme synonymes de « vente actuelle »; la loi les autorise à les interpréter conformément à leur appréciation. Cette opinion a été formulée par Dumoulin (Des Censives, § 78, glose 1, n° 82). « *Hæc tamen sane intelli-* » *genda sunt quando partes remanent in terminis sim-* » *plicis conventionis de vendendo, vel alio actu faciendo* » *in futurum, ita quod intentio partium et verba dispo-* » *sitiva referentur ad actum de futuro; secus, si et verba* » *obligativa et mens referentur ad actum præsentem, et* » *omnia ad substantiam actus requisita præsto sint.* » Quelques jurisconsultes, Bretonnier en tête (tome II, n° 334), partisans de cette opinion, prétendaient que, promettre de vendre ou d'acheter, c'était promettre un fait, celui de contracter, qui se résolvait en dommages et intérêts, au cas de non-exécution. Mais la jurisprudence se prononçait presque constamment contre cette doctrine : suivant elle, ce n'est pas un équivalent consistant en dommages-intérêts, mais

bien le bénéfice effectif de l'obligation, c'est-à-dire
l'exécution que la justice doit procurer au deman-
deur; elle déclarera donc que la vente est tenue pour
conclue. Quant aux risques, on reconnaissait unanimement que c'était au vendeur à les supporter, ce
qui, du reste, était assez injuste dans le système suivi
par la jurisprudence. « Pour remédier à cette injus-
» tice, écrit Bretonnier, il faut dire que la promesse
» de vendre transfère la propriété dans la personne de
» l'acheteur, et par conséquent que la perte retombe
» sur lui, *quia res perit domino.* » C'est afin de faire
cesser ces vieilles discussions que le législateur déclare la vente conclue sans qu'il y ait besoin de jugement. La loi fait ici l'office du juge (art. 1589). Il ne
peut, au surplus, subsister aucun doute sur cette solution, si on se reporte au discours prononcé au Tribunat par M. Grenier (Fenet, tome XIV, p. 189) : « Il
» est bien entendu, disait-il, que la validité de la pro-
» messe de vendre, qui ne peut avoir plus de faveur
» que la vente, à laquelle elle est parfaitement assi-
» milée, est soumise aux mêmes conditions que celles
» de la vente. » Si on n'admettait pas cette assimilation complète, on se mettrait en pleine contradiction
avec l'article 1138, car on ne pourrait plus dire que
le consentement seul des parties transfère la propriété, indépendamment de toute tradition. Pour
être logiques dans notre système, il nous faut donc
décider que les risques seront supportés par l'acheteur.

Nous devons, à présent, comme sujet rentrant dans
les ventes conditionnelles, dire quelques mots de cer-

taines opérations qui offrent avec ces dernières une
assez grande analogie.

Ce sont d'abord les adjudications qui interviennent
soit sur une aliénation volontaire, soit sur une saisie,
soit encore sur un délaissement. Ces opérations que
nous rencontrons au titre des priviléges et hypothè-
ques exigent quelques indications préliminaires.

Nous savons qu'en vertu de leur droit de suite, les
créanciers hypothécaires peuvent atteindre leur gage
même entre les mains d'un tiers acquéreur, en le con-
traignant à leur payer tout ce qui leur est dû, s'il ne
préfère délaisser l'immeuble ou en subir l'expropriation.

Le tiers acquéreur soumis au droit de suite, peut
prendre différents partis :

1er parti. — Il peut délaisser l'immeuble. — En
s'arrêtant à ce parti, il abdique, non la propriété, mais
la possession; il se soustrait aux ennuis de la procédure en expropriation. Admettons maintenant, au
point de vue particulier qui nous intéresse, que l'immeuble périsse, par cas fortuit, avant l'adjudication.
Pour qui sera la perte? Elle sera supportée par le
délaissant resté propriétaire : *res perit domino*. En
conséquence, s'il était acquéreur à titre onéreux et
encore débiteur du prix d'acquisition, il devrait le
payer.

2e parti. — Il peut payer intégralement toutes les
créances inscrites. — Nous ne citons cette hypothèse
que pour mémoire, attendu qu'on n'y voit pas surgir
la question des risques.

3e parti. — Il peut payer les créances inscrites

jusqu'à concurrence de son prix d'acquisition. — Il reste exposé aux poursuites des créanciers qui peuvent l'exproprier, s'ils espèrent obtenir par la voie des enchères un prix supérieur au premier. Quant aux risques, ce parti amenant une enchère de la part des créanciers, le cas se confond avec ceux qui vont suivre.

4e parti. — L'acquéreur peut purger. — La réquisition valable de mise aux enchères n'empêche point que l'acquéreur ne reste propriétaire jusqu'à l'adjudication. En effet, une mise d'enchères est une promesse d'acheter conditionnelle, faite sous la condition suspensive : « s'il n'y a pas d'autres mises plus fortes qui la couvrent ». Si donc, il se produit fortuitement une perte totale, ou une dégradation, entre l'enchère et l'adjudication, c'est-à-dire *pendente conditione*, le dommage en résultant frappera celui sur lequel on poursuit la vente. Si la perte est partielle, l'enchérisseur, en se servant de la faculté offerte par l'article 1182, aura le choix de maintenir l'adjudication sans diminution de prix ou de la résoudre. L'opinion que nous exposons n'est pas admise par tous les auteurs. MM. Troplong, Merlin et Grenier, suivant, à cet égard, le sentiment de Pothier (Vente, n° 493), accordent à l'enchérisseur le droit de demander une diminution de prix ou de se faire décharger de son enchère. Évidemment ces auteurs ont complétement perdu de vue l'article 1182, et comme on ne saurait nier qu'une mise d'enchères produise une obligation d'acheter sous condition suspensive, nous devons repousser leur explication.

En supposant que le détenteur prenne le parti de purger, nous pouvons nous trouver en face de deux hypothèses, car il est loisible, aussi bien au détenteur qu'à un tiers, de se porter adjudicataire.

Examinons la 1re hypothèse. C'est un tiers qui se porte adjudicataire. Dès que l'adjudication est prononcée, le détenteur cesse d'être propriétaire, tandis que l'adjudicataire le devient. Ici une question intéressante se présente :

Les adjudications sur délaissement ou sur saisie pratiquées contre un tiers détenteur n'ont rien de résolutoire ; elles transmettent, il est vrai, à l'adjudicataire la propriété de l'acquéreur qu'elles dépossèdent, mais elles ne la résolvent point. En est-il de même en matière d'adjudication sur surenchère du dixième ? Il existe à ce sujet une controverse dans laquelle nous nous abstiendrons d'entrer, mais dont les solutions peuvent se ramener aux deux idées suivantes :

Si l'adjudication efface dans le passé l'acte d'aliénation originaire, le détenteur est réputé n'avoir jamais eu la propriété. L'aliénateur est resté propriétaire jusqu'au moment de la transcription de l'adjudication. Donc jusque là, les risques sont pour lui.

Si, au contraire, l'adjudication transfère sans le résoudre le droit de l'acquéreur surenchéri à l'adjudicataire, il a été propriétaire jusqu'au moment de l'adjudication transcrite : donc il a eu les risques à sa charge.

Arrivons à la 2e hypothèse. C'est le détenteur qui s'est porté adjudicataire. L'adjudication ne le rend pas propriétaire mais consolide le droit de propriété qu'il tenait de son contrat d'acquisition. Il reste donc entendu que toute perte survenue serait pour lui.

5° parti. — Le détenteur peut enfin attendre les poursuites et se laisser exproprier. — Il y a lieu dès lors à l'adjudication sur saisie. Les créanciers ont la faculté de s'immiscer à la saisie, de la surveiller, de chercher des enchérisseurs, au besoin d'enchérir eux-mêmes. Par conséquent, rien n'est plus juste qu'une enchère commencée sous leurs yeux soit définitive : la purge est opérée de plein droit. Néanmoins, ils peuvent, dans la huitaine suivante, faire une surenchère du sixième (article 708 du Code de procédure).

Nous trouvons encore là une promesse d'acheter conditionnelle. Conformément aux principes qui nous ont guidés jusqu'ici, nous déciderons que la perte de l'immeuble survenue entre la première adjudication et la seconde, incombera au premier adjudicataire, à qui la propriété a été attribuée dès le jour de la transcription de l'adjudication qui a été son titre d'acquisition.

Maintenant, en dehors des hypothèses, supposons une vente où l'on est convenu de faire fixer le prix par un tiers désigné. Jusqu'à cette fixation, le vendeur supportera les risques, en vertu des mêmes principes : mais à la différence des obligations conditionnelles ordinaires, il ne profitera pas des avantages qui pourront se produire, car l'expert ne déterminera le prix que d'après la valeur existant au moment de son appréciation. Il n'y a donc plus ici l'iniquité de l'article 1182. Ajoutons que si la perte était totale, le contrat ne pourrait être réalisé faute d'objet.

Si la vente porte stipulation d'un prix au cours, les risques seront pour l'acheteur, car on ne rencontre pas dans ce contrat l'éventualité et l'incertitude néces saires à toute condition. C'est une vraie vente pure et simple.

Il en serait de même, en matière d'expropriation pour cause d'utilité publique, si, par exemple, un immeuble périssait dans les flammes après le juge ment d'expropriation, mais avant que l'indemnité n'ait été fixée par le jury. Nous déciderions dans ce cas que les risques seraient pour l'État, le département, etc., ou plus généralement pour celui au profit duquel l'expropriation a été prononcée. La translation de propriété est, en effet, pure et simple, car le prix existera certainement : sa quotité seule est indéterminée. On ne peut donc voir là les éléments d'une condition.

II. — Du louage.

Le louage comporte deux principales divisions, le louage des choses, et le louage d'ouvrage et d'industrie.

Lorsqu'il s'agit d'un louage de choses, les risques sont pour le propriétaire, qui n'a plus droit au loyer du moment qu'il ne procure plus la jouissance du bien loué (art. 1722). C'est là une application de l'idée que la dette de l'équivalent qu'on a promis pour obtenir un avantage, a pour cause non pas la créance, mais l'obtention de l'avantage convenu; le Code a ainsi établi entre la vente et le louage la plus parfaite

conformité quant aux risques. Du jour où la jouissance ne peut plus être procurée, même par un événement fortuit, la *merces* cesse d'être due, faute de
cause. Nous trouvons des exemples de cette règle
dans les dispositions des articles 1769 et 1770, en
vertu desquelles le fermier, dont la récolte a été
amoindrie par des accidents de force majeure, peut se
faire remettre une partie du prix du bail, proportionnelle à la perte subie.

Dans notre ancienne jurisprudence, on avait établi,
pour déterminer à qui, du locateur ou du fermier, les
risques devaient incomber, des distinctions entre les
diverses natures de dommages qui pouvaient frapper
les fruits. On divisait les accidents en : 1° cas fortuits
prévus (coulure, gelée, etc.); 2° cas fortuits plus rares
(inondation par exemple); 3° cas fortuits imprévus ou
extraordinaires (ravages de la guerre, entre autres).
Pothier (n° 163 de son Traité du louage), infligeait au
fermier les pertes de la première catégorie dans tous
les cas; quant à celles de la seconde catégorie, il exi-
geait une clause expresse pour les lui faire supporter.
Enfin celles de la dernière catégorie devaient toujours
frapper le locateur. La décision donnée dans les deux
premières hypothèses peut surprendre. Quelle jouissance le bailleur aura-t-il donc procurée au fermier, si
celui-ci ne récolte aucun fruit? La réponse est que
nous sommes en face d'un contrat aléatoire: le fermier
aura des fruits, s'il s'en produit; quant au bailleur, il
ne s'est engagé qu'à mettre le fermier en mesure d'en
récolter. Quelque peu efficace que soit la jouissance,
le prix du bail n'en est pas moins dû.

Au surplus, ces décisions n'étaient pas universellement adoptées. Barthole et plusieurs autres invoquent
la loi 78, *de contra. empt. Dig.*, et se fondant sur la règle
de droit : *Non videtur contineri pacto id de quo cogitatum non est*, ne font, en cas de clause expresse mettant
les cas fortuits à la charge du fermier, supporter à celui-ci que les accidents de la première catégorie, qui,
seuls, avaient dû entrer dans les prévisions des co-contractants.

C'est à cette dernière opinion que le Code s'est
rallié ; le locateur supportera donc seul, à moins de
convention contraire, tous les cas fortuits. Dans les
articles 1769 et 1770, nous voyons qu'il est permis au
preneur de réclamer une diminution de la *merces*,
lorsque la moitié de la récolte au moins a été détruite
par cas fortuit. Il y a deux motifs à cette restriction de
la loi, d'abord un intérêt général, celui de la culture :
le fermier est intéressé à faire produire le plus de
fruits possible par ses soins ; ensuite une raison
d'équité : le preneur ayant la chance de profiter des
récoltes abondantes, sans voir le prix du bail s'augmenter, il doit en revanche supporter les diminutions
qui ne peuvent atténuer que modérément la somme de
fruits à recueillir.

Supposons une clause par laquelle le bailleur a
stipulé que les fermes lui seraient payées sans diminution. Le fermier est-il, en l'acceptant, censé prendre
d'avance la charge des cas fortuits ? Nous pensons que
cette clause doit être, conformément à l'art. 1162, interprétée en faveur du débiteur, dans notre espèce le
fermier, puisque c'est lui *a quo stipulatus creditor est.*

Occupons-nous maintenant du louage d'ouvrage et d'industrie. Lorsqu'un domestique ou un ouvrier loue ses services à un maître et qu'un accident fortuit prive le maître desdits services, le domestique ou l'ouvrier n'a plus droit à son salaire, c'est l'application de notre règle générale qui fait supporter les risques au locateur. C'était du reste l'avis de Pothier (voir son Traité du louage, n° 165), et il y avait, déjà de son temps, doute sur le point de savoir si, l'ouvrier ou domestique ayant loué ses services, pour une année par exemple, une maladie intermédiaire qui l'empêchait de rendre pendant un certain temps ces services, était une raison suffisante pour qu'il ne pût réclamer son salaire. Pothier se prononçait pour l'affirmative, et c'est, je crois, la décision qu'il faut suivre dans notre droit, bien que ce soit le cas de dire : *Summum jus, summa injuria !*

Quand, au lieu de fournir ses services seulement, l'ouvrier doit livrer au maître un objet quelconque résultant de son industrie et qu'il a confectionné soit avec sa propre matière, soit avec la matière du maître, nous trouverons des décisions spéciales.

Si l'artisan ne fournit que son travail, et que l'objet soit détruit avant sa réception, la perte sera supportée, en partie par le maître qui perdra ses matériaux, et en partie par l'artisan qui ne pourra réclamer aucun salaire (art. 1789 et 1790). C'est, comme nous le voyons, la reproduction de la théorie romaine. M. Mouricault, (Locré, tome XIV, page 443), nous présente le motif de cette solution : « Si la chose vient à périr par cas » fortuit, sans qu'il y ait de la faute ni du maître ni » de l'entrepreneur, avant que l'ouvrage ait été reçu,

» et avant que le maître ait été mis en demeure de le
» vérifier et de le recevoir, alors la perte se partage;
» elle est à la charge du maître pour la chose, et de
» l'ouvrier pour le travail, parce qu'ils sont demeurés
» propriétaires à part, l'un du travail et l'autre de la
» chose. »

L'artisan a-t-il pris l'engagement de façonner avec
sa propre matière un objet, l'article 1788 nous fait savoir que dans ce cas, il perd à la fois et le prix de ses
matériaux, et le prix de son industrie.

Devons-nous appliquer ces solutions au cas où, au
lieu d'un ouvrier, nous nous trouvons en face d'un
entrepreneur? Nous penchons pour l'affirmative; nous
croyons qu'il n'y a aucune distinction à faire entre le
cas où l'entrepreneur a construit sur son propre terrain
et celui où il a construit sur celui du maître, entre
l'hypothèse où il se sert des matériaux du maître, et
celle où il se sert des siens; dans tous les cas, si l'édifice n'a pas été agréé, la perte en sera pour l'entrepreneur. L'article 1788 a voulu déroger aux règles de
l'ancienne jurisprudence qui appliquait une décision
particulière à chacune de ces questions; de plus, il
n'établit aucune ligne de démarcation entre la situation des simples ouvriers et celle des entrepreneurs.
Une note de M. Mouricault (voir Locré, tome XIV,
443) nous dit positivement que sa théorie est
e à celle de la loi romaine. Les rédac ears du
ont été guidés par l'idée que, dans un contrat
synallagmatique, la cause de l'obligation d'une des
parties est la réalisation de l'avantage promis par l'autre. Le locateur, dans notre espèce, comme le dit fort

bien M. Duranton, n'avait pas promis son prix proportionnellement, mais pour avoir un ouvrage complet et achevé.

Les règles que nous venons d'exposer ne sont pas applicables au cas où l'ouvrage doit être fait par partie. L'art. 1792 reproduisant la doctrine de Pothier met les risques sur la tête du locateur, au fur et à mesure qu'il a vérifié les parties terminées.

Nous pouvons remarquer, après toutes ces solutions, que notre législateur a été beaucoup plus ferme que le droit romain dans l'adoption de règles relatives aux cas fortuits en matière de louage d'ouvrage. Il faut, pour que le salaire soit dû, que les travaux commandés soient entièrement achevés et reçus par le maître (articles 1788, 1789, 1790). Les solutions que nous trouvons dans ces divers articles s'écartent de la doctrine de Pothier. En effet, traitant de l'hypothèse où le maître a fourni la matière du travail, il disait, à propos des risques : « L'ouvrage qui fait l'objet du contrat de » louage, même avant qu'il soit reçu, et même avant » qu'il soit fini, est aux risques du locateur; en ce sens » que s'il périt par une forcema jeure, la perte en doit » tomber entièrement sur le locateur et non sur le con- » ducteur, qui doit être payé, non du total du prix, » si l'ouvrage est péri avant qu'il ait été parachevé, » mais du prix de ce qu'il en avait été fait. » Dans la même hypothèse, le Code, au contraire, fait porter la perte sur l'ouvrier, à moins qu'il n'y ait chez le maître demeure de vérifier. L'idée d'innovation des rédacteurs est bien manifeste, et il semble qu'on peut, d'après cela, reconnaître chez eux l'idée arrêtée de tout ramener dans notre droit à la règle *res perit domino*.

III. — *Du cheptel.*

A l'art. 1800, nous trouvons la définition suivant
du bail à cheptel : « C'est un contrat par lequel l'une
» des parties donne à l'autre un fonds de bétail pour
» le garder, le nourrir et le soigner sous les conditions
» convenues entre elles. » Nous pouvons relever dans
cette définition deux inexactitudes. D'abord, il n'est
pas vrai de dire que l'une des parties donne son bétail,
car elle ne fait que le livrer ; aucune aliénation n'existe
de sa part (art. 1805) ; en second lieu, elle a le tort
de ne pas tenir compte du cheptel à moitié, où le fonds
de bétail est fourni par l'une et l'autre partie. En com-
prenant le bail à cheptel dans le titre du louage, les
rédacteurs du Code ont voulu se séparer de Pothier
qui, lui, regardait le cheptel comme une société. On
lui objectait bien que, dans le cheptel ordinaire, il n'y
avait pas apparence d'association : ce à quoi il répon-
dait que « en considérant le contrat sous ce point de
» vue, le bailleur est censé fournir à la société le
» cheptel tant pour lui que pour le preneur, savoir : la
» moitié pour lui et en son nom, et l'autre moitié pour
» le preneur, à qui il en fait l'avance. » On faisait encore
remarquer aux partisans de ce système qu'en admettant pour le bail du cheptel le caractère d'une société,

il fallait suivre leur idée jusqu'au bout, et qu'en conséquence ils devaient décider que le cheptel était éteint, finissait par la mort de l'une des parties, comme s'il s'agissait d'une société ; mais ces auteurs écartaient cette idée en disant qu'il n'y a pas là un caractère essentiel de la société, puisqu'à Rome les sociétés vectigaliennes continuaient bien avec les héritiers des associés. Quant à la question des risques, Pothier et ses imitateurs la résolvaient d'après les principes admis en matière de société.

Cette théorie ne paraît avoir rien de vrai ; autrement il faudrait décider que les créanciers du preneur pourraient saisir et faire vendre sa part, tout en respectant les clauses du bail ! Mais Pothier lui-même leur refusait ce droit, car le bailleur reste, en somme, propriétaire de tout le fonds de bétail. On peut encore ajouter que si le preneur devenait propriétaire de moitié du cheptel, il n'y aurait pas plusieurs espèces de cheptel, mais bien une seule, le cheptel à moitié, ou véritable société (art. 1818).

Les coutumes, contrairement à Pothier, considéraient le bail à cheptel tout à fait comme un contrat de bail dans lequel le maître du fonds de cheptel s'en réserve exclusivement la propriété. Dans l'intention des parties, il ne peut en effet entrer qu'une idée, celle de donner des animaux à garder au cheptelier. C'est au même point de vue que les Coutumes, que le Code s'est placé.

Quant aux cas fortuits, le Code distingue : si le troupeau périt en totalité, le bailleur supporte seul la perte éprouvée ; s'il ne périt qu'en partie, la perte sera sup-

portée en commun. Dirigé par les principes nouveaux
qui venaient de prévaloir en matière de louage,
M. Mouricault explique clairement (Locré, t. XIV,
p. 446) pourquoi la perte totale incombe au bailleur ;
malheureusement pour la perte partielle, il oublie ses dé
cisions précédentes, et entre, pour des motifs d'équité,
dans une autre voie (art. 1810), qui le met en contradiction avec lui-même : « La perte est-elle totale, dit-il,
» comme la chose appartient au bailleur seul, comme
» elle fait la matière du contrat, et comme l'extinction
» de la chose par cas fortuit ou par force majeure
» résout la convention, cette perte est à la charge du
» propriétaire seul. Non-seulement cela e conforme
» aux principes, mais cela est de toute justice, puisque
» l'extinction absolue ôte au preneur tout espoir de
» réparer la perte, espoir qui lui reste, et qui souvent
» est rempli, quand l'extinction n'est que partielle, au
» moyen des laines, du croît et de l'augmentation de
» valeur qui n'a pas péri. »

Cette malencontreuse décision relativement à la
perte partielle a le grave inconvénient de faire que le
preneur est, en cas de danger, intéressé à laisser périr
en entier le cheptel, dont il n'a pas l'espoir de sauver
toutes les têtes. Il est, il est vrai, tenu de sa faute et de
sa négligence, mais en supposant un *tumultus* quelconque, il sera bien difficile de démontrer qu'il est
coupable ; au contraire, comme preneur, il pourra
très-facilement établir le cas fortuit, s'il se trouvait
tenu de le prouver, d'après l'art. 1808.

C'est dans Coquille, commentant l'article 4 de la
Coutume du Nivernais, que M. Mouricault a puisé sa

théorie. Coquille écrivait : « Si le total du bétail ne
» périt pas, mais seulement quelques chefs, je crois
» qu'en ce cas la perte se peut dire commune, en tant
» que le preneur doit patienter et nourrir ce qui reste
» du bétail jusqu'à ce que le croît et profit puisse
» parfournir le cheptel, même ne fût-il demeuré
» qu'une seule bête. » Dans cette solution, Coquille
était revenu à la doctrine des Coutumes, où il était
admis que les profits et pertes se partageraient par
moitié entre les deux parties. Dans l'article 3 de la
Coutume du Nivernais, nous lisons en effet : « Et doit
» le preneur telle garde audit bétail que s'il périt par
» ses dol, faute et coulpe, le dommage se prend sur
» lui ; mais si c'était par fortune ou inconvénients non
» prévus ou qui ne se pourraient prévoir, il n'en sera
» tenu ; mais est le péril ou perte commun. » Cette
décision était, il faut l'avouer, assez conforme à l'intention probable des parties ; car il est à croire que le
propriétaire ne désire pas courir toutes les mauvaises
chances, en ne touchant qu'une faible partie (la moitié)
des bénéfices, quand, au contraire, il supporte tous
les dommages fortuits.

Quoi qu'il en soit, la loi est formelle et nous devons
admettre les règles du Code telles qu'elles sont for-
mulées.

Quant aux autres espèces de cheptel, il y a peu de
particularités à établir au point de vue des risques.
Pour le cheptel à moitié, qui est une véritable société,
les profits et pertes demeurent communs (art. 1818).
Dans le cheptel de fer, la perte totale ou partielle
frappe le fermier seul, bien que le bailleur reste pro-

priétaire (art. 1825); c'est une des applications de la
règle : *ubi emolumentum ibi et onus esse debet.*

Nous ne saurions terminer la matière du cheptel,
sans dire quelques mots de l'article 1822, qui vient
confirmer la règle *res perit domino,* tirée par nous de
l'article 1138. L'article 1822 est ainsi conçu : « L'es-
» timation du cheptel donné au fermier ne lui en
» transfère pas la propriété, mais néanmoins le met à
» ses risques. » Par les mots « *mais néanmoins* » le
législateur me paraît établir positivement que la règle
générale à laquelle il a obéi dans le Code consiste à
faire supporter la perte d'une chose à son propriétaire. Autrement, il n'eût pas présenté comme une
exception ce fait que dans notre article le fermier
non-propriétaire est chargé des risques.

Nous nous abstenons ici, à l'encontre de ce que
nous avons fait pour le droit romain, d'ouvrir un
paragraphe spécial pour le contrat de société. Deux
motifs ont inspiré notre restriction, c'est que les règles des risques en cette matière sont fort simples, et
que le seul cas présentant quelque difficulté, celui de
l'article 1867, a été par nous exposé dans notre théorie
générale. Nous jugeons donc inutile d'y revenir.

IV. — *Des obligations alternatives.*

L'obligation alternative est celle qui, bien qu'elle
comprenne plusieurs objets, est entièrement éteinte
par la prestation de l'un d'eux. Notons en passant que

toute obligation contractée sous une disjonctive n'est point, par cela seul, alternative; il faut, pour cela, que les deux objets ne soient pas de même espèce; ainsi, de même qu'en droit romain (loi 12, Dig., *de verb. oblig.*), quand je vous promets 400 fr. ou 200 fr., c'est la dernière somme qui vous est seule due. Il importe également de ne pas confondre l'obligation alternative avec l'obligation conjonctive : dans cette dernière, en effet, le débiteur n'est libéré que par la prestation de tous les objets compris dans l'obligation.

Quant aux obligations alternatives elles-mêmes, nous ne traiterons, pour plus de clarté, que de celles où deux objets seulement sont en présence. En droit français, la question est très-peu controversée, mais les rédacteurs du Code, qui copiaient ici, presque en tous points, Pothier, leur guide inséparable, ont eu le tort d'émettre des décisions donnant lieu à de vives et justes critiques. Ils s'écartent aussi bien de l'équité que des principes; et, le plus singulier, c'est que c'est en voulant trancher à l'avance et d'une manière générale toutes les espèces douteuses dans le droit romain et dans notre ancien droit, qu'ils sont arrivés à ce résultat.

Comme à Rome, nous trouvons dans cette matière deux hypothèses à distinguer.

1re hypothèse. — Le choix appartenait au débiteur (art. 1193). —

Plusieurs cas peuvent se présenter.

Supposons que l'une des deux choses seulement ait péri, l'obligation est restreinte à celle qui reste : on ne peut pas offrir à sa place le prix de celle qui a péri.

L'obligation devient pure et simple toutes les fois que
l'une des choses périt, ou ne peut plus être livrée pour
une autre cause, que ce soit ou non par la faute du
débiteur. Ainsi, quand je vous ai promis, à mon choix,
mon bœuf ou mon cheval, et que je tue mon bœuf, il
ne reste plus qu'un seul objet à mon obligation, mon
cheval. Je ne puis pas remplacer dans l'obligation mon
bœuf, qui a péri, par une somme d'argent représen-
tant sa valeur. Je pourrais bien disposer de l'une des
choses dues, car je suis maître de payer l'une ou
l'autre; mais il ne m'est point permis de substituer
une chose à une autre, ce serait dénaturer mon obligation. On enlève donc au débiteur l'avantage du choix
qui lui était réservé. Cette décision pourrait parfaitement se comprendre, si le débiteur était en faute à
l'égard de l'objet détruit; dans ce cas, en effet, on ne
peut contraindre le créancier à recevoir une somme
d'argent, quand il a stipulé une chose en nature. Mais,
lorsque la perte est le résultat d'un simple accident,
d'une force majeure, pourquoi déroger ainsi à la règle
de l'article 1162, en favorisant le créancier plutôt que
le débiteur? Cela ne peut s'expliquer qu'historiquement. Les rédacteurs du Code ont trouvé cette règle
dans Pothier qui appliquait à notre hypothèse une
solution controversée en droit romain. Toutefois, il
est regrettable qu'ils ne se soient pas aperçus de l'injustice qu'il y avait à traiter aussi durement le débiteur à l'abri de tout reproche que celui qui a commis
une faute.

Dans le deuxième alinéa de l'article 1193, nous
voyons que si les deux objets ont péri par suite de

fautes imputables au débiteur, celui-ci doit le prix de
l'objet qui a péri le dernier. Cette décision est la conséquence logique de la précédente. Le débiteur pouvait s'acquitter en offrant, à son choix, l'un des deux
objets : or, nous venons de voir que si l'un de ces
objets était détruit par suite de sa faute, son obligation se restreignait à l'objet survivant. Il est donc naturel, au cas où le dernier périt par suite d'une faute,
de traiter de la même manière le débiteur qui a perdu
le droit d'option. Peu importe au surplus comment la
première chose a péri, quand c'est par la faute du débiteur que la seconde a été détruite ; mais il faut remarquer qu'outre le prix, ce débiteur pourrait encore
devoir une certaine somme, à titre de dommages-
intérêts.

Il ne peut se présenter de difficultés qu'au cas où le
débiteur, ayant, par sa négligence, laissé périr la première chose, la seconde vient ensuite à périr par cas
fortuit. Sommes-nous donc, après la perte du premier
objet, en présence d'une obligation pure et simple ?
Devons-nous dire que si la seconde chose périt par cas
fortuit, le débiteur sera entièrement libéré, et que les
choses se passeront comme si, dès le principe, l'obligation n'avait eu que cette seule chose pour objet ? Il
semble, de prime abord, que l'on doive répondre affir-
mativement à cette question. Le débiteur, dit-on, qui
est obligé sous une alternative, à son choix, est entièrement libre de se libérer en donnant l'une ou l'autre
des choses dues ; il est parfaitement le maître de disposer, selon sa fantaisie, de l'une des choses comprises
dans l'obligation. Il ne fait d'ailleurs, en agissant de la

sorte, qu'exercer un droit qu'il s'est expressément réservé, en se faisant attribuer le choix dans le contrat. Il rend l'obligation pure et simple, en choisissant l'objet qui devra être payé : de la spécialisation de l'obligation on peut donc conclure que si la chose, devenue l'objet unique de la convention, est détruite fortuitement, le débiteur est complétement quitte et le créancier ne peut plus rien exiger de lui (art. 1302). Il nous est difficile d'admettre ce raisonnement spécieux, car le créancier se verrait frustré par ce choix prématuré. Pour exercer son droit d'option, il est nécessaire que le débiteur offre réellement l'un des deux objets compris sous l'alternative. Sans cela, le créancier pourrait dire au débiteur : Si vous n'aviez pas fait périr un des objets, le cas fortuit serait à votre charge, puisque l'obligation aurait encore une chose sur laquelle elle pourrait porter; dès lors, m'ayant causé un dommage par votre faute, vous êtes tenu de le réparer. Au numéro 232 de son Traité des obligations, Pothier prévoyait l'objection : « Lorsque la première périe a » péri par sa faute, et que celle qui restait a péri aussi, » sans sa faute, et avant qu'il ait été mis en demeure, » quoique, selon la subtilité, il parût devoir être » quitte des deux, néanmoins l'équité veut qu'il soit » tenu, en ce cas, du prix de celle qui a péri par sa » faute (loi 95, § 1, *de solutionibus*, au Dig.). » Ce raisonnement nous semble concluant, car autrement le contrat aurait changé de nature sans l'accord des deux parties : les premières notions du droit se trouveraient violées. Par la convention, le créancier a entendu bénéficier d'une obligation alternative où ses chances de

perte seraient diminuées, et il ne se trouverait plus,
après la force majeure, avoir contracté qu'une obligation pure et simple, le débiteur l'ayant seul voulu
ainsi !

En tout cas, la loi a reconnu que le choix anticipé
du débiteur était une faute et qu'il devait, en réparation de cette faute, une indemnité au créancier. Elle
fixe le *quantum* de l'indemnité au prix de l'objet péri
le dernier. Cette disposition est parfaitement compré-
hensible pour le cas où la première chose a été détruite
fortuitement, et la seconde par la faute du débiteur.
Dans l'hypothèse inverse, on conçoit très-bien encore
cette fixation quand la chose périe la dernière avait
une valeur moindre que la première : le débiteur paye
en effet le prix de celle qu'il avait le droit de choisir ;
tant mieux pour lui si elle avait une valeur moindre,
et tant pis pour le créancier, mais rien n'est plus juste.
Supposons au contraire que l'objet péri le dernier
avait plus de valeur que le premier ; alors nous ne
pouvons nous expliquer la décision de l'article 1193.
Je vous dois, à mon choix, mon âne ou mon cheval ;
le premier vaut 600 francs, et le second 1,200 ; je
vends mon âne, ou encore je le fais abattre ; puis le
cheval qui restait le seul objet déterminé de mon
obligation vient à périr par cas fortuit. Le Code décide
que je vous payerai 1,200 francs, c'est-à-dire une indemnité supérieure au dommage que je vous ai causé ;
car, si je n'avais pas commis la faute de vendre ou de
tuer mon âne, je pourrais vous le livrer et me libérer.
Malheureusement la loi ne distingue pas, *et dura lex
sed lex*.

Certains auteurs prétendent que l'on peut restrein-
dre la portée du second paragraphe de l'article 1193 au
cas où le débiteur est en faute à l'égard des deux objets,
ou tout au moins à l'égard de celui qui a péri le dernier. Conformément à l'opinion de Pothier, que nous
avons ci-dessus relatée, ils décident que si la seconde
chose s'est détruite par cas fortuit après la perte de la
première par la faute du débiteur, celui-ci devra le prix
de la première (Duranton, tome IX, n° 144). D'autres
auteurs pensent que le débiteur a le droit d'offrir le
prix de la chose ayant le moins de valeur. Ces opinions
nous semblent inadmissibles en présence des termes
formels du texte, en présence surtout de l'exposé des
motifs de M. Bigot-Préameneu (Locré, tome XII,
page 345), où nous lisons : « Le débiteur doit payer le
» prix de la chose qui est périe la dernière, dans le cas
» même où il ne serait pas en faute à l'égard de cette
» chose, mais seulement à l'égard de celle qui est
» périe la première, parce que cette faute causerait un
» préjudice évident au créancier si, cette seconde chose
» étant périe, il n'avait aucun recours. En donnant à
» celui-ci le prix de la dernière chose périe, on main-
» tient à la fois la règle suivant laquelle la convention,
» d'alternative qu'elle était, est devenue pure et simple,
» et la règle qui rend chacun responsable de sa faute. »

2ᵉ hypothèse. — Le choix appartenait au créancier
(article 1194). —

Ici, encore, plusieurs cas sont à considérer.

1° L'une des deux choses dues a péri par cas fortuit. — Comme les accidents de force majeure sont,
d'après l'article 1194, à la charge du créancier, celui-

ci n'a pas le droit de réclamer le prix de celle qui a péri ; il ne peut plus exiger que la seule qui subsiste.

2° Les deux choses dues ont péri, successivement ou ensemble, par cas fortuit. — Le créancier n'a plus aucun droit ; le débiteur est entièrement libéré.

3° L'une des choses dues a péri, par le fait ou la faute du débiteur. — Le créancier conserve le bénéfice de l'alternative, car il ne doit pas souffrir de la faute du débiteur : il peut donc exiger, à son choix, ou la chose qui reste, ou le prix de celle qui a péri. Le débiteur ne peut pas, en effet, par son seul fait, dépouiller le créancier du droit d'option qui lui était accordé, en détruisant l'objet que ce dernier eût certainement choisi, en raison de sa plus grande valeur. S'il demande le prix de la chose périe, ce sera en réparation du dommage qu'il a éprouvé.

4° Les deux choses ont péri soit simultanément, soit successivement, par la faute du débiteur. — Le créancier peut, à son choix, réclamer le prix de l'une ou de l'autre.

5° Les deux choses ont péri successivement, et le débiteur est en faute à l'égard de l'une d'elles. — Il paraîtrait naturel de n'accorder au créancier que le droit de demander le prix de celle qui a péri par la faute du débiteur. Étant en faute, celui-ci doit une réparation pour le dommage qu'il a causé ; mais ce dommage consiste uniquement dans la perte de la chose qui a péri par sa faute ; l'indemnité ne devrait donc pas être supérieure au prix de cette chose. Ce n'est pourtant pas ce que décide l'article 1194, in *fine* : il autorise le stipulant à exiger l'estimation de l'une des deux choses, à son choix, et par conséquent, s'il le veut, le prix de celle qui a péri par cas fortuit, quand même il serait supérieur au prix de celle qui a péri par la faute du débiteur. Or, d'après les principes rigoureux du droit, lorsqu'un débiteur commet une faute préjudiciable à son créancier, il devrait être tenu de réparer purement et simplement le tort qu'il a causé.

M. Marcadé (tome IV, n° 586) fait remarquer à ce sujet « qu'on ne peut pas conclure de cet écart des » principes, qu'il en serait autrement s'il n'y avait » pas eu faute proprement dite, mais un fait innocent. » Le soin avec lequel le législateur a prévu tous les » cas possibles dans nos deux articles, et le suivant, » prouve bien qu'il a entendu présenter ici une théorie » complète, et embrassant toutes les hypothèses, et » que, s'il n'a distingué partout que la faute et » l'absence de faute, c'est parce qu'il a compris, sur ce » mot unique, et la faute proprement dite et le simple » fait. On doit d'autant moins s'en étonner que ce sens » large du mot : faute, est évident et reconnu par tout » le monde dans l'article suivant. »

En dehors des deux hypothèses que nous avons distinguées dans l'étude des obligations alternatives, il peut arriver que le créancier, par sa faute, cause la destruction d'une des deux choses. Dans ce cas, que le choix lui appartienne ou qu'il appartienne au débiteur, l'obligation est éteinte, c'est-à-dire que le créancier, sans recevoir d'équivalent, sera obligé de payer son prix. La faute qu'il a commise remplace le choix qu'il est alors censé avoir exercé, et le débiteur est considéré comme ayant livré l'objet péri.

Le point suivant n'a pas été traité par le Code; c'est celui où l'un des deux objets se trouve, au moment de la livraison, détérioré par un accident de force majeure. Ecartons d'abord l'hypothèse où le choix appartenait au créancier; là, pas de difficulté; ce dernier choisira la chose qu'il préférera. Mais il n'en est pas de même au cas où le choix appartenait au débiteur. Que déciderons-nous alors ? Nous croyons devoir faire ici une distinction. Si la détérioration laisse subsister intacte la substance de la chose qui puisse encore être utilisée à l'usage auquel elle était destinée d'après les termes du contrat, le débiteur conservera le droit de la livrer au créancier, en tenant compte, bien entendu, à celui-ci, de la différence de valeur amenée par le cas fortuit. Si, au contraire, l'objet a été tellement détérioré que sa substance en soit altérée, le débiteur ne pourra, pour se libérer, livrer que l'autre objet, car le premier ne peut plus être considéré comme étant encore *in natura rerum*.

Avant de terminer ce sujet, il nous reste à examiner une question. Primus, devant deux choses sous une alternative, par suite d'une erreur qui mérite l'indulgence, livre les deux choses, comme s'il les devait purement et simplement; il reconnaît plus tard son erreur, et alors on se demande s'il a perdu le choix qu'il s'était réservé dans la stipulation, et, l'un des deux objets venant à être détruit accidentellement, pour qui sera la perte ? Le premier point est en dehors de notre sujet, mais le second y rentre complétement.

Nous pensons que la perte doit être supportée par le débiteur, et qu'il n'a plus le droit de réclamer l'objet qui seul existe encore. Nous nous appuyons, pour soutenir cette opinion, sur ce fait que le Code traitant le débiteur d'une obligation alternative avec plus de rigueur qu'on ne le faisait sous notre jurisprudence, il est à présumer que ses rédacteurs, en laissant cette question de côté, ont entendu s'en référer à l'opinion de Pothier : « Observez, dit-il, que le débiteur n'a, en » ce cas, le droit de répéter l'une des deux choses qu'il » a payées que tant que les deux choses subsistent. » Si l'une des deux avait cessé de subsis'er depuis » le payement, il n'y aurait plus lieu à la restitu- » tion, comme l'a décidé Julien en la loi 32, Dig., » *de condictione indebiti* ; la raison en est évidente ; » l'action *condictio indebiti* remet les parties au même » état que si le payement n'avait pas été fait, et qu'il » fût encore à faire. Or, s'il était encore à faire, le dé- » biteur ne pourrait se dispenser de payer celle qui » se trouverait rester la seule chose due ; elle doit donc, » en ce cas, rester *in soluto* par devers le créancier, et » le débiteur ne peut la répéter. »

Nous venons de voir que, dans les obligations alternatives, les risques frappent en partie le débiteur, et en partie le créancier. Les ventes faites sous une alternative ne doivent donc pas être confondues avec celles qui se font au compte, au poids ou à la mesure, car ces dernières sont contractées *quasi sub conditione*; les risques y incombent au vendeur jusqu'au mesurage, comme dans les autres ventes conditionnelles.

Remarquons enfin que si l'on se trouvait en face

8

d'une obligation facultative, on devrait, en cas de perte fortuite de l'objet de cette obligation, décider qu'elle est éteinte ; le débiteur n'est pas tenu de payer la chose *quæ est in facultate solutionis,* car il ne l'a jamais due.

POSITIONS.

DROIT ROMAIN.

I. — La règle que dans la vente pure et simple les risques regardent le vendeur, tirée par certains auteurs de la loi 33 d'Africain (Dig., *locati conducti*), ne saurait prévaloir contre la règle contraire formulée au § 3 des Institutes (livre III, titre 23, *de emptione et venditione*).

II. — Lorsqu'en droit romain, il y avait une condition résolutoire opposée à la vente et qu'elle venait à se réaliser, malgré la perte de la chose vendue, les effets de la condition se produisaient, et le vendeur était sans droit pour exiger ou conserver le prix.

III. — Quand un associé a promis de mettre en

commun la propriété d'un corps certain, la perte fortuite de ce corps certain arrivée depuis la formation
du contrat, même avant la tradition, *antequam res
communicaretur*, sera supportée par la société.

IV. — C'est par suite d'une inadvertance des rédacteurs du Digeste que la loi 16, de Celse, *de condictione causa data, causa non secuta*, a été insérée dans
ce recueil.

V. — Dans une vente alternative où le choix appartient au débiteur, si un des objets vient à périr
fortuitement, le débiteur conservera le choix de se
libérer en offrant l'objet qui subsiste, ou, s'il le préfère, le prix de celui qui a péri. Telle est la solution
que donne Ulpien, loi 47, § 3, Dig., *de leg.*

DROIT FRANÇAIS.

I. — Quand, dans une vente, on est convenu de
remettre à une époque ultérieure le transport de la
propriété, les risques seront jusqu'à cette époque pour
le vendeur.

II. — S'il y a engagement réciproque, les mots —
promesse de vente vaut vente — de l'article 1589,

signifient qu'aussitôt les parties tombées d'accord, et malgré l'emploi de cette expression, il y a vente pure et simple.

III. — Dans notre droit français, la vente de la chose d'autrui est déclarée nulle, en ce sens que l'acheteur seul peut demander l'annulation du contrat.

IV. — L'emphytéose ne constituant plus aujourd'hui qu'un simple bail, d'une durée plus longue que les baux ordinaires, on devra suivre, pour les risques, les mêmes règles qu'en matière de simple louage.

V. — La convention de donner deux corps certains sous une alternative est translative de propriété.

DROIT CRIMINEL.

I. — Le tribunal d'appel, saisi sur l'appel *a minimâ* du ministère public, peut acquitter le prévenu, quoiqu'il n'ait pas lui-même appelé du jugement qui l'a condamné;

II. — L'homme qui en tue un autre, sur sa demande, peut être condamné comme coupable d'homicide volontaire.

DROIT DES GENS.

I. — Les principes du droit des gens naturel réprouvent les représailles exercées contre les biens des particuliers.

II. — Il n'y a pas d'exception à la règle suivante : qu'une entrée volontaire sur un territoire neutre, avec des desseins hostiles est absolument illégale.

Vu par le Président de la thèse,

J.-E. LABBÉ.

Vu par le Doyen de la Faculté,

G. COLMET DAAGE.

Vu et permis d'imprimer :

Le Vice-Recteur,

A. MOURIER.

Paris. — Imp. de E. DONNAUD, rue Cassette, 9.

Contraste insuffisant

NF Z 43-120-14

www.ingramcontent.com/pod-product-compliance
Lightning Source LLC
Chambersburg PA
CBHW071156200326
41519CB00018B/5256